기분이 식욕이되지 않게

減肥法 食慾控制 X 情緒管理

美女醫師擺脫
10年情緒性飲食惡性循環
教你正確瘦身的關鍵方法

李洧周 이유주　著

如果你覺得現在用的減肥法好累又好痛苦，那就代表方法錯了！

　　沒有人不知道炒年糕跟沙拉兩者之中，哪一個是不致胖的食物。但是，為什麼我們明明想減肥，卻還是會被炒年糕誘惑呢？全都是因為你那想吃炒年糕的「食慾」。只要出現「想吃炒年糕」的食慾，腦海裡就會不斷浮現一定要吃到炒年糕的理由。「炒年糕今天吃，明天再開始乾淨飲食就好！」、「又不是說今天不吃，就會馬上變成竹竿人」、「大家都在吃，只有我不吃很尷尬」。無論如何都要合理化我想吃炒年糕的食慾。

　　就算吃完好吃的炒年糕會變胖，但只要我自己很幸福，就沒關係。然而，在盡情吃完炒年糕後，不只不滿足，還因湧上來的後悔與自我厭惡而痛苦不堪，這時就有關係了。「我就是因為這樣才減不了肥」、「早知道剛剛就吃少一點了」、「連吃個東西都控制不了的豬」……減肥失敗就已經夠讓人洩氣了，心情還變得糟糕透頂。

　　我曾也無法擺脫這樣的煩惱。雖然很羞愧，但我也曾為

了減肥，不只無條件挨餓、飯後催吐、自行施打溶脂針，還服用過食慾抑制劑。為了當上醫師而苦讀時，因為過度壓抑加上壓力，對刺激的食物跟碳水化合物上癮；成為醫師後，也經常因為治療源源不絕的病患，而錯過吃飯時間。在許多的日子裡，我經常因為忙碌，用五分鐘內可以解決的杯麵填飽肚子。開始看診後，我也常以紓壓當藉口，一星期內有五天都在喝酒。這樣日子過著過著，我不只變胖，情緒也變得難以控制。我不滿意鏡子中自己的模樣，用壞心情開啟每一天，也常因為小事生氣。我想減肥，但卻總是在暴吃完刺激的食物後，感到後悔又自責。變胖後變得憂鬱，一憂鬱又想吃東西，我漸漸踏進了越吃越胖的惡性循環。身心都不健康了。

如果你也跟過去的我一樣，在考慮該吃什麼、該做什麼運動之前，應該先審視自己的身心狀態。你曾在想吃某種食物的時候，仔細思考「為什麼我想吃這個食物」嗎？其實，真正的減肥，應該從這裡開始。

我們需要先明確理解自己的食慾。如果你覺得可以靠強烈的意志力壓制食慾，那你絕對不可能成功減肥。閉氣 10 秒，或是忍住不喝水一小時都不難。但是如果是要閉氣 10 分鐘，或是一星期都不喝水呢？那就不是意志力的問題了。食慾也是如此。我們腦中的特定區域，有自動調節呼吸、口渴、食慾的功能。氧氣、水分與體脂肪，是一個生命體生存的必備之物。

這段期間，你會一直減肥失敗，不是因為你的意志力不夠，而是因為你的減肥法讓你不得不失敗。過去我在吃東西時，完全不考慮吃下去的食物，會對我的身體造成什麼樣的影響，單純努力少吃、多動，消耗更多熱量。我再怎麼下定決心少吃，只要食慾一爆發，終究只能認輸。無論我動得再怎麼多，只要基礎代謝率下降，我在運動上付出的努力都會化為泡影。雖然我想減肥，但我腦裡的調節機制在無意識中，無論如何都想要維持我的體重。

　　如果減肥時，沒有活力，且經常感到生氣煩躁、整天只想著吃，就代表這個減肥方式並不適合自己的身體。越是硬要減肥，越會讓身體維持體脂肪的機制更加活躍。這麼一來，代謝量減少，食慾增強，心情也不愉快，就會讓你越來越想快點結束減肥。

　　錯誤的減肥方式，不只讓人無比痛苦又沒效率，還注定會復胖，使身體變成易胖體質。減肥時，因不能吃想吃的食物而感到不幸；而結束減肥後，又因為復胖而感到痛苦。我明明是為了變瘦、變幸福才開始減肥，卻越減越憂鬱、越減越不幸，怎麼會這麼矛盾？

　　情緒跟食慾有很多共通點。明明屬於自己，卻不能隨心所欲。想握拳的時候，只要握拳就好；但下定決心要「讓心情變好」，心情也不會輕易改變。就算在心裡大喊咒語：「食慾啊，縮小吧！」，食慾也不會跟著縮小。一但被起起伏伏的情緒與食慾左右，就總是會做出讓自己吃虧的選擇，到最

後才在後悔。

　　別試著改變無法改變的事物，應該改變能改變的食物。自己要放進嘴裡的食物，自己選擇。我們不只要了解熱量低的食物，還要了解有什麼食物有助於穩定食慾、提高代謝量。而且要仔細審視自己的內心，讓自己能欣然選擇那些食物。

　　只要吃的東西變了，身體分泌出的激素、心情與食慾也會改變。從吃對東西開始，就能重新找回心情與食慾的主導權。從這時開始，原本心有餘而力不足的事，漸漸變得能隨心所欲。這樣的變化讓人開心又放鬆，瘦下來的結果也自然地隨之而來。

　　這段期間，我在醫院遇到了無數深陷減肥煩惱的病患。由於時間有限，我無法親自一個一個說明給病患們聽，所以我把這些長篇內容放進這本書裡。請讀得開心，一步步靠近更自由、更快樂的人生。

李洧周

目錄 |

¶ 第五章 不讓情緒影響食慾的飲食方式與吃法

¶ 第六章 你除了吃以外還要管控的日常習慣

第一章

管理食慾，改變人生

壓力與食慾的無限困境

墊底了怎麼辦？

學習醫學知識時期是我人生的黑暗期。2013 年，我從大學畢業，為了成為一位醫師，我進入了醫學專業研究所。我們學校每週六都會舉行考試。從週一到週五，學習總是填得滿滿的醫學知識課程，一到週六就馬上進行考試來驗收成果。為了完成一個學年的課程，總共要參加 40 次的考試，而統整考試結果後，會以個人成績來決定排名。

國中、高中和大學時，每個學期都只有期中考跟期末考。雖然考試期間理所當然地累人，壓力也大，但只要撐過一個月左右就好，所以還算可以忍受得下去。考試結束後，我會做一些被考試時所推遲的事，或者出去旅遊，享受自由與休閒的生活。然而，在研究所時期，一年中有十個月都是在考試，寒暑假也頂多只有四週，這些假期實在是太短了。

每週五晚上我都在挑燈夜戰。在別人享受火熱的星期五夜晚時，我還在為讀不完的考試範圍絞盡腦汁。好像背一個就會忘一個，星期四學的內容，到了星期一就會忘掉；重讀星期一的進度，就會跟星期四的內容搞混。

這真的是人能做的事嗎？我能撐到底嗎？我真的適合當醫師嗎？讀得如此掙扎的我，真的能當個好醫師嗎？如果變成庸醫怎麼辦？在完全專心不了的情況下，我的心情還很混亂，抓不到重心。當我讀不下去、抬頭環視周圍時，發現同學們全都在認真唸書。聚集在這裡的都是聰明人，而這之中總有人要墊底，我害怕自己成為那個墊底的人，就這樣度過了焦慮的每一天，身心也漸漸疲憊。

壓力大的時候，唯一樂趣就是吃

在壓力極大的情況下，唾手可得的快樂只剩一個，那就是吃。讀書分秒必爭，沒有時間能浪費在找尋其它樂趣上；就算吃是我唯一的樂趣，但我也沒吃什麼特別愛吃食物。因此，我會在深夜回家經過便利商店的路上，購買辣雞麵跟啤酒作為我的靈魂食物，邊喝酒邊紓解一整天的壓力。雖然吃辣的時候，能瞬間感覺到壓力獲得釋放，但很快就會感到胃部灼燒和疼痛感，就像是被針刺一樣，腰都挺不直了。幾個小時之後，辣就會進到腸子裡，整個肚子開始咕嚕咕嚕作響，吃得多熱辣，上廁所時就有多慘烈。即使自己知道這樣會很

痛苦，但每當壓力大的時候，我還是會渴望辣味食物，而我就這樣反覆著這個過程。只要當下嘴巴吃得開心，什麼肚子痛、拉肚子都是後來的事。

零食，撫慰心靈最唾手可得的獎勵

認真讀書時，每當覺得自己已耗盡氣力，我就會用巧克力棒或巧克力餅乾補充糖分，只要塞點甜的零食到嘴裡，就想吃鹹的；吃完微鹹的餅乾，就又想吃點甜的。這時候，我就會吃「酸甜水果糖」或 HARIBO 小熊軟糖，吃甜食能稍微讓心情好轉，這是一種附帶的效果。

對我這個被困在圖書館學習的人來說，零食是最簡單的安慰和獎勵。不想讀書的時候，就會邊想著「讀完一章就吃一個吧！」來激勵自己。把喜歡的事（零食）跟討厭的事（讀書）捆綁在一起的策略頗為有效。相反地，就要承受變胖的後果。畢竟我還是不能放棄唸書，也只能這樣了。當下必須以讀書為重，因為我想當醫師，體重的問題可以之後再解決……。我沒有多餘時間來關心我的體重。

因為心情好，因為心情不好…… 一定要喝酒的原因

酒是我研究生生活中無法分割的一部分。每當週五熬夜苦讀，週六早上考試，當天晚上，我都會跟學長學弟或同學

一起喝酒。由於前一天熬夜讀書太累，為了不太快喝醉，我總是穩扎穩打地吃很多下酒菜，一邊大口大口地吃著五花肉，一邊喝著燒酒。

醫學院的同學關係，往往在畢業後也會延續到大學附屬醫院的工作中。未來幾十年可能還都要跟這些人相處，我盡量在酒局上開拓並維持人際關係。加上當時奇怪的觀念高漲，認為不會喝酒就代表不會做事，會喝酒的人才是能力好的人。我只能無可奈何地讓自己喝到斷片，回家嘔吐完後，總是能感受到食道的刺痛感，隔天的腸胃自然變成了一場悲劇。

一直到研究所入學以前，我的酒量都不算好。但是一路這樣喝下去，我的酒量也成長到可以喝燒酒一瓶半，也開始懂得享受喝醉的感覺。不知不覺地，我開始習慣喝酒。發生好事時，就喝酒慶祝；發生令人生氣或是憂鬱的事時，也借酒澆愁。甚至一度在一週內喝了五次酒。因為學長找我、教授找我、慶祝生日、朋友分手很難過、在開刀房實習時看到驚人的場景、只是單純想喝，反正喝酒的理由有百百種。

吃吃喝喝真的能解決我所有的問題嗎？

所有矛頭都指向了飲食。壓力大就吃辣，累了就喝咖啡，為了打起精神吃甜，想轉換心情就喝酒，吃東西好像能解決所有問題。

壓力大心情不好或什麼都不想做的時候，只要吃點好吃

的，就能振作起來。然而，效果非常不持久。漸漸地，我更頻繁地找尋更好吃的食物，嘴裡渴望著更強烈的味道，想借助食物的力量，讓自己做得更好，反而招來了非依賴食物不可的結局。

　　造成體重增加也只是剛好而已。我的體重不停更新最高紀錄，不只令人憔悴之外，我每次看著鏡中變胖的自己，都備受壓力。然而，我的處境也不允許我減肥，就算想少吃多動，身心都不聽使喚；與其浪費力氣在減肥上，想吃什麼就吃什麼、認真讀書還比較適合當下的我。

為什麼我不能任意控制情緒？

心情好才讀得下書

在研究所裡，我與 100 位同學都在同一個地方聽著同樣的課程。早上到校，我們總是在同一間教室裡讀書，每小時教授們都會輪流進教室上課。每個人都要聽相同的講座並參加每週的考試。如果分數未達標，就必須要參加「重考」。如果連重考都沒過，就必須留級，重新再上一次整學年的課。

我的心情起伏比較大。有時候，當我全心投入學習時，課堂上的表現和考試成績都很好，但當我迷茫時，則會成為大家擔心的對象。至於要認真讀書，還是徬徨失措，都取決於我當下的心情。心情好的話，我會充滿能量跟鬥志。相反地，心情差的時候，我會變得無力，感覺所有事物都沒有意義。

這時，我全身會散發出黑暗的氣息，到了所有人都會問

我「洧周，發生什麼事？」的程度。但其實沒什麼特別的原因，就只是心情變差而已。同學們在我散發黑暗氣息時，叫我「黑暗洧周」；心情好、開心地蹦蹦跳跳的時候則會叫我「快樂洧周」。「快樂洧周」非常少見，「黑暗洧周」出現的次數壓倒性地多。

你說我是循環型躁鬱症？心情也有障礙嗎？

我在神經精神醫學科課堂上學到「循環型躁鬱症」。同學們異口同聲地說「喔，這根本是洧周吧？」簡單來說，循環性躁鬱症就是輕微的躁鬱症。比起躁鬱症，情緒高漲的程度以及憂鬱的程度都較低，持續時間也較短。

然而，比起一般人，循環型躁鬱症病患會慢性重複劇烈的心情變化。在日常生活中，也會更強烈地經歷快感、喜悅、憂鬱或無力等各種情緒。這類型的病患缺乏情緒穩定性，總是處於情緒上不穩定的狀態。情緒的變化已影響日常生活，可能導致工作成效與學業成績起伏不定，人際關係也會遇到困難。不僅飲食可能隨著心情改變，睡眠也會出現問題。

情緒會左右人生的很多事物

任誰看了都會覺得是在說我。我在很多事情上都被情緒左右。心情好的我，與心情不好的我，完全是兩個不同的人。

心情好的時候，我常常笑，對所有事充滿鬥志；我充滿能量，認真聽課也認真讀書，充滿了好像所有事都能成功的自信心。

但問題是，心情好的時期不常出現，也不持久。讓我心情不好的事情真的太多了。只要心情開始壞起來，一切事物都會嘩啦啦地崩塌；不只身體會變得沉重、無力，連同專注力也跟著下降。變得敏感，對小事發脾氣。比如返鄉過節時，我曾因為小事跟家人吵架，自己先離開；或是在旅行時跟旅伴大吵，毀掉整趟旅程。心情不好的時候，我就無法好好控制自己。

該做的事也變得費力。就算考試迎面而來，只要心情不好，我就完全讀不下去。心情都這麼差了，讀書還有什麼用，類似這種心態。雖然，頭腦知道應該要學習，但身體和心情卻無法跟上，讓我對自己倍感無助。該做的事都做不好，自尊心也會隨之降低，讓我更加憂鬱。

在心情不好的狀態下，什麼都做不了，所以無論如何，我都要讓心情好轉。只要吃好吃的，或是逛街購物，我的心情就會暫時獲得改善。然而，暴飲暴食跟過度消費，對長期來說是一個更大的問題。回過神後，看著自己變胖的身體，以及因不必要消費而空空如也的戶頭，後悔襲上心頭，使得心情又重回谷底。只有吃更多食物、買更貴的東西，才能再次改善心情。這是一種惡性循環。

隨著心情變化出現的暴飲暴食與過度消費，也是循環型躁鬱症的症狀之一。只要患有循環型躁鬱症，暴食症、酒精

中毒的發病風險就會增加。我為什麼會如此敏感、情感起伏這麼大？其它人是否都是如此？還是只有我特別奇怪？那我為什麼又特別奇怪？我對這些問題感到好奇，而循環型躁鬱症這個病名，剛好明確地解釋了我的症狀。我懷疑是否有人所有事物都能處於平均值，但我的情緒起伏與變化的確比一般人嚴重許多。

我的心情起始值為負4

當時我寫了好幾年的日記，裡面處處充滿了「心情不好」、「好憂鬱」的話語。如果說心情最不好的時候是 -（負值），心情最好的時候是 +（正值）的話，那我的心情起始值就是 -。情緒總是在低潮，只有偶爾會好一些。

我總是像這樣被情緒左右，所以我的人生也不是太好過。就算在心情好的時候，認真讀書考到了 100 分，跟心情差的時候考了 20 分，平均下來也只有 60 分。我沒有辦法改變考了 20 分的事實。即使每天盡心盡力的生活著，還是會因為情緒的波動，而讓自己在人生中設下障礙，讓自我陷入困境。

我身邊有一個跟我不同的朋友，他總是很開朗、保持好心情。如果用天氣比喻心情，他就像和煦又溫暖的加州氣候，大部分時間晴朗無雲，偶降雨。反之，我就像西伯利亞氣候，總是寒冷陰沉，還一邊下著雪，偶爾才會出太陽。雖然我也想在加州氣候裡生活，但我的心情卻不如我意。要怎麼做，

才能把心情的起始值提升到 +3 左右呢？不，只要變成 0 應該就會好上許多⋯⋯。

然而，無計可施的我，不知道要往哪個方向努力。

前所未見的體重

挨餓減肥法沒有用

　　某次年底，需要在二週內應付大約 10 個考試，連聖誕夜前夕都要考試，這不僅讓我都快被榨乾了之外，還讓憂鬱達到新極限。我下定決心要休息一天，於是在聖誕節當天，跟同學們一起開了一個簡單的年末聚會。大家聚在一起享用燒酒、五花肉、鍋物與冷麵，還吃了薯條、香腸跟啤酒，最後以冰淇淋作結尾。肚子雖然已經很飽，但因為嘴上很幸福，所以我不停地吃，讓食物飽到喉嚨。回到家，洗澡前照了鏡子，發現肚子吃得好脹。一站上體重計，上面顯示了我這輩子前所未見的超高數字。

　　我對剛剛的狼吞虎嚥感到後悔。不能讓這些都變成身上的脂肪，我邊想著，邊把手放進喉嚨催吐。還沒消化的食物，用相反的順序噴出。餐後刻意催吐是飲食障礙的症狀。我害

怕如果放任發胖的自己不管，會出大事。這讓我決定無論如何都要減肥。

　　隔天是 12 月 26 日，我想，我都把今年該吃的都吃了，得從新年開始斷食才行。就算很餓，我也只喝水充飢。雖然頭兩天還能忍受，但到了第三天，我無力到連課都上不了。我翹了課，整天躺在床上。連起身去上廁所時，眼前都一片暈眩。

　　雖然我在四天內瘦了 3 公斤，但我終究在 12 月 30 日放棄斷食。挨餓之後，連白粥配辛奇都可以是山珍海味。然而，很快我又開始想念之前喜歡的辣炒年糕、泡麵、餅乾、冰淇淋這類，我本來就喜歡的食物。「斷食以後，不能吃刺激的食物」，我並沒有把這句話放在心上。我跟以前一樣恣意吃著好吃的東西，還有自己想吃的東西，而我的體重就瞬間被打回原形。

| 洧周醫師的 Q&A |

為什麼不可以「飯後催吐」呢？

如果習慣性暴食再催吐，會傷害食道或撐大胃部，也可能導致胃穿孔（胃破洞）。也可能因胃酸逆流，出現逆流性胃食道炎或是牙齒酸蝕等症狀。催吐時，會出現分泌大量唾液、唾腺異常變大的情形，若臉型因此改變，可能會造成更大的壓力。

另外，因為催吐無法清空吃下的所有食物，所以催吐無法完美防止體重增加。

心情不好就吃、吃了又胖，我討厭這樣的自己！

　　我的心情很低落。這不是我要的臉蛋跟身體⋯⋯。我不分晝夜地吃著又甜、又鹹、又辣的食物，理所當然地胖了起來，水腫還變得更加嚴重。早上一睜開眼，我就開始擔心，今天的我到底會多腫。我的臉本來就偏肉，只要眼窩開始長肉或變腫，我的雙眼皮甚至會消失不見。每當這種時候，我都會從早上開始努力搓揉眼睛，想方設法救回被水腫淹沒的雙眼皮。

　　當我得趕緊出門時，又會在衣櫃前，因為找不到適合的衣服而嘆氣。變小的衣服緊貼在身上，憋得我喘不過氣來；如果因自己體重增加，而購買大尺寸的衣服，就好像在承認自己發胖，讓我無法忍受。當我試穿了一件又一件的衣服之後，最後卻只能選擇寬鬆且過於隨意的衣服。

　　從一大早開始，我就被壓力與煩躁填滿。不只減肥失敗，還感覺什麼都做不好。明明知道只要吃就會胖，還是無法克制自己；明明知道變胖會讓自己有壓力，但還是沒辦法好好管控體重。我對自己感到非常失望。當情緒不好就吃東西，吃東西就變胖，變胖又讓我心情更差，這是一個惡性循環。

　　我對外表有一種強烈的執著與執念，不想讓任何人看到我邋遢的模樣，所以只要不化妝，我就不會出門。我每天花很多時間在梳妝打扮上，即使去巷口的便利超商都要化妝，連考試當天都要先用電捲棒捲好頭髮才能出門的程度。能好

好打理自己固然是件好事，但問題就出在我本末倒置。

　　我明明也不是靠臉吃飯的藝人，卻因為執著在外表上，反而耽誤了該做的事。我對這樣的自己感到厭煩。雖然偶爾也會想「就這樣滿足於現狀，過得開心點不行嗎？」但只要一照鏡子，心情就又會變得糟糕。我無論如何都想減肥。因為變胖才是所有問題的元兇，我相信只要減肥就能改善我煩悶、躁動又憂鬱的情緒。

| 洧周醫師的 Q&A |

只要減肥就能改善飲食障礙嗎？

因為「肥胖」一事本身並不是飲食障礙的原因，所以無論體重多重，任何人身上都可能出現。雖然當時我的體重屬於正常範圍，但因為我看不下去自己圓圓的樣子，讓自己壓力很大。飲食障礙並不是生理問題，而是心理問題，只靠減肥無法改善症狀。單純降低體重而不改善飲食障礙，就又會開始與它人比較、變得憂鬱，或是被飲食困擾，因此感到不安。在試著調整體重之前，請先審視自己的心理狀態。

第一次失敗：食慾抑制劑

　　2015 年夏天，我在減肥門診第一次拿到食慾抑制劑的處方。過程比我想像中簡單的多。當時，醫師說完「體脂比看起來還高呢」後，沒多說什麼就開了一個月的食慾抑制劑處

方箋給我。我心想「這可以直接吃嗎？就先吃吃看吧！」，就這麼開始服用起食慾抑制劑。而我的食慾像是被魔法壓制一般的急劇下降，吃飯時米粒就像沙粒一樣難以下咽。

食慾抑制劑為一種精神藥物 *，會對神經系統產生作用，使交感神經亢奮。它會誘發一些症狀，例如：緊張時會睡不著或吃不下飯，藉此降低食慾。吃了食慾抑制劑後，我就算不吃飯也不會餓。這對我來說是個新世界，而我的體重也快速地下降。

食慾抑制劑畢竟是種精神藥物 *，所以還是有副作用。只要吃了藥，就會手抖或口乾舌燥，還出現心悸症狀。因為它是作用在神經系統的藥，所以情緒變化也很劇烈。我的情緒起伏本來就大，吃了藥之後就變本加厲。偶爾會覺得精力充沛、變得多話，有時又會突然感到既無力又憂鬱。有時候還會有我不是我自己的陌生感覺。

---

* 精神藥物作用在人體的中樞神經系統。當出現誤用或濫用的情況，會對人體產生嚴重的危害或依賴性。抗焦慮藥物、鎮靜劑、安眠藥、異丙酚都屬於這類藥物。有關食慾抑制劑的種類與其它詳細說明，請參考 243 頁內容。

我想，吃這種有各式各樣副作用、令人不舒服的藥不是長久之計。所以我努力在最短時間內減重。為了快點達到想要的體重，我幾乎不進食。然而，停藥後，重新開始進食的我變胖了。為了維持減掉的體重，我什麼都不能吃。那時的我認為，只要吃就會胖，也就是「食物＝胖」。因此，食物對我來說成了種壓力。只要看到食物，我就會開始擔心，「如果吃了這個體重增加怎麼辦、變胖怎麼辦。」

　　停止服用食慾抑制劑後，食慾變得異常強烈，導致嚴重的反彈現象。無論我再怎麼努力，都抵抗不了食慾，最後我胖得天經地義。當體重再次增加後，我又不得不依賴食慾抑制劑。只要尋求過食慾抑制劑的幫助，我就無法單靠意志力控制，對食慾抑制劑的依賴程度也越來越嚴重。

　　幾年後，我成為了醫師，親自開了食慾抑制劑處方才發現，像這樣任意服用食慾抑制劑，是最糟糕的投藥方式。我應該在食慾抑制劑的協助下，避開刺激的食物，慢慢以均衡的菜單逐步減重。而我卻用極端的方法斷食，這只會讓飲食習慣更加糟糕。此外，在停掉食慾抑制劑的時候，應該要慢慢減少劑量，以防止食慾過度反彈，但我卻隨心所欲地停藥和復用。如此一來，即使體重減輕了，隨之而來的反彈也是不可避免的。

　　你可能會覺得，只要變胖，就重新開始吃藥減重不就好了。然而，人體對食慾抑制劑有耐受性。一開始效果好得驚人，繼續服用之後，就會發現後期效果不是這麼理想。為了

保持效果就要服用更重的劑量，這就容易吃到一天的最大劑量；這樣一來，既不能增加劑量，也減不了肥。到了這個地步時，就真的進退兩難了。如果因為效果不好停藥，只會變得更胖，若需要靠吃藥才能勉強維持當下的體重，只要一停藥，體重就會開始上升。

還是會有人需要食慾抑制劑吧？

若患者的身體質量指數（BMI）超過30，或是BMI在27以上隨糖尿病等危險因子，服用食慾抑制劑的益處就大於風險。服用前，請務必與醫師討論後並決定服用方式。為了減少產生副作用的危險，請務必將服用時間限制在三個月以內。

單服用食慾抑制劑，也難以降低5％以上的體重。請務必同步改善飲食、運動等生活習慣。我們不是以食慾抑制劑減重，而是借助食慾抑制劑的力量，下定決心努力用正確的方式減肥。

因為食慾抑制劑的效果在首次服用時最佳，重複服用時效果會變差，服用時心態務必保持謹慎，把它當成只能扣下一次的板機使用。

第二次失敗，運動

有人會輕鬆地說，就算多吃了點，只要做相等的運動就好。說這種話簡直是一派胡言。如果本來就喜歡運動，那就適合透過運動減肥；我不只非常討厭運動，只要運動食慾就

會增強，不只減不了肥，體重還不減反增。每當運動後，我總是會感到飢餓，便開始像瘋了似的找東西吃。勉強自己做不喜歡的運動，還要忍受隨之而來的爆發性食慾，這真不是人能做的事。

運動不只耗時、讓身體疲憊，還會讓食慾暴增。這樣的方式讓我十分煎熬，還不如乾脆都不吃不運動還比較好。在課業與瑣事堆積如山的情況之下，我根本不可能只專心在減肥這件事。

你可能會質疑，我是否沒嘗試運動就說出這種話？但在這段期間，我挑戰了各式各樣的運動，全都以失敗收場。從居家健身、跑步、跳繩等，可以在家進行的簡易運動，到一對一的皮拉提斯、團體皮拉提斯、瑜珈、健身、高爾夫等運動，我都做過。我甚至還嘗試過利用電流促進肌肉收縮的EMS 健身法。然而，這些運動中沒有一項能讓我持續超過一個月。

那時我上了一對一皮拉提斯課。因為每次上課我都擺著一副臭臉，老師看不下去地問我，「妳這麼討厭運動，怎麼會為了運動下定決心報名呢？」我當時也不知道該怎麼回答，只能說：「就是說啊」，過了一個月後，我就再也找不到繼續上課的理由。

在皮拉提斯團體課程上，我總是無法完成所有的動作，大多在中途就放棄。看到其他人都表現得很好，我卻只能在角落裡觀看，感到自己被排擠；在健身房裡，我也沒有勇氣

在那些強壯的健身者之間擠來擠去使用器材，只敢使用跑步機和飛輪，然後就回家。

　　不知道是我沒找到適合我的運動方向，還是老師教學方式跟我不合，又或者是我自己無法對運動敞開心扉，我無數次挑戰全都以慘澹收場。

　　那時候，我對運動一點都不感興趣，我認為自己是個「討厭運動的人」。我厭惡運動時的炎熱、出汗和脫妝，運動後的肌肉痠痛跟疲倦也讓我感到厭煩。反正討厭運動的理由多到數不完，雖然我理性上知道運動的必要性，卻無法規律地行動並實踐，只要一有機會，我總是想放棄運動這件事。

　　「這次真的要好好運動！」我每次都像這樣下定決心，然後去健身房報名，卻都在一個月內退出，這種事一再重複發生，只讓「我果然討厭運動」的想法變得更加堅定。

我是名副其實的碳水化合物成癮者

碳水化合物上癮錯了嗎？

　　我非常熱愛碳水化合物。如果有人問我「妳喜歡什麼食物呢？」，我一定會回答「我喜歡碳水化合物」。比起炸雞，我更愛炒年糕；比起糖醋肉，我更愛炸醬麵；比起牛排，我更愛義大利麵；比起生魚片，我更愛壽司。因為，我在吃炒碼麵時，總是只撈麵來吃，所以在我吃完後，我的碗看起來就像剛送上桌的炒碼飯；我也喜歡在吃炒年糕時加麵條，最後加飯下去炒，點心一定要吃到冰淇淋才甘願。

　　當然，我的碳水化合物成癮症狀也很嚴重。

碳水化合物成癮檢核表

1. 就算早餐吃很多，午餐前還是會覺得餓。 ☐
2. 比起吃飯，更喜歡吃麵包或吃麵。 ☐
3. 雖然已經吃飽、吃撐了，還是繼續進食。 ☐
4. 飯後一定會吃甜點。 ☐
5. 飯後嚴重嗜睡。 ☐
6. 就算肚子不餓，偶爾還是想吃點什麼。 ☐
7. 下午三點左右，因為缺糖而變得昏沉、無法專心。 ☐
8. 一週吃三次以上如餅乾、巧克力、蛋糕、甜甜圈、馬卡龍等甜點。 ☐
9. 喜歡可樂、果汁、運動飲料、甜咖啡等有甜味的飲料。 ☐
10. 為了減肥控制飲食，卻撐不過三天。 ☐

上述事項，若有 0 ～ 3 個符合為正常，4 ～ 5 個符合為碳水化合物成癮的高風險群，6 個以上符合時，即可視為有碳水化合物成癮症的問題。我 10 項全部符合。我明知道這件事實，還是理直氣壯地說，「我喜歡吃碳水化合物，我對碳水化合物成癮。」

然而，碳水化合物成癮終究不是件值得炫耀的事。

過度攝取碳水化合物的副作用

嘴巴覺得熟悉的碳水化合物最對味，我又能怎麼辦？如同有人為肉類痴狂，我也認為對碳水化合物瘋狂不過是種偏好，營養均衡的健康食物口味既無聊又難吃。對我來說，比起豐盛的韓式定食，不如一碗農心炸醬風味麵更美味。

然而，有一個副作用實在令人難以忽視。那就是吃完碳水化合物，我會非常想睡覺。

　　食物引起的睏倦，用英文來說就是 food coma（食物昏迷）。吃完滿是碳水化合物的餐點後，真的會睏到接近意識不清，也就是出現昏迷（coma）狀態的程度。學生時期時，就算中午大口吃飯，飯後還吃冰淇淋，頂多只會在下午上課時半夢半醒地聽課。但是，當上醫師後，就絕對不能覺得睏，在這個情況下出現睏倦，讓我非常困擾。在已經睡眠不足的情況下，飯吃下肚後睏意襲來，讓我幾乎要昏睡過去，令人難以承受。我甚至到了在手術室裡打瞌睡，失手把器材掉在地上的程度。出現站著也能睡、睜著眼也能睡，非常地危險。忍住這種襲來的睏意，比被拷問還要痛苦。

　　不吃飯會餓得受不了，但吃飯又會睏得要命。在進退兩難的情況下，我的解決方法就是「盡快吃完飯，抓住時間小睡」。所以能在五分鐘內解決的杯麵成了我的主食，狼吞虎嚥地填飽肚子後馬上躺下入睡，時間久了，逆流性食道炎也出現了。減肥暫且不論，這件事對我的工作、健康都產生負面影響，讓我漸漸感到不能再這樣下去了。

碳水化合物成癮會有什麼問題嗎？

如同字面上的意思，碳水化合物成癮指的就是對碳水化合物的攝取達到上癮的狀態。碳水化合物作為我們身體的能量來源，因此我們的大腦在進化過程中發展出對碳水化合物的需求；只要攝取碳水化合物，腦部就會分泌多巴胺、腦內啡等讓我們心情愉悅的化學物質。因此，富含碳水化合物的食物會越吃越上癮，讓人難以抵擋誘惑。尤其是像砂糖或是麵粉這類的精緻澱粉，因為吸收快速，讓血糖急速上升，比白飯更容易讓人上癮。

雖然碳水化合物作為能量來源，是我們身體必須的營養素，但過度攝取，只會讓腦部越來越渴望碳水化合物，甚至對其成癮。所以，在這種情況之下，並不是你自己想吃，而是大腦的需求在驅使你進食碳水化合物。

過度的碳水化合物攝取，也是肥胖、糖尿病、高血壓、高血脂、心血管疾病等各種成人病的成因。即使目前尚未診斷出任何疾病，也不能掉以輕心；如果體重持續增加，很可能是身體的新陳代謝已經出現了問題。

30歲，為了生存開始運動

為了不生病開始運動

醫生這個職業給人的印象，似乎應該會照顧好自己的健康，但我並非如此。不只飲食亂七八糟，還很討厭運動，因此體力日漸走下坡。而且工作的時候，還要不斷搬運沉重的雷射設備，讓我深受慢性肩膀與手腕疼痛所苦。我透過物理治療勉強撐了下去，但物理治療師說，必須通過增強肌力來改善疼痛。減肥固然重要，但如果身體疼痛導致無法工作，便無法賺錢，所以我決定再次挑戰運動，這次選擇了私人教練（PT）來增強肌肉力量。

在開始進行課程之前，我向 PT 充分告知我有多討厭運動，及以往運動的失敗經驗。於是我們決定以不過度勉強自己的方式開始訓練。這次的目標不再是減肥，而是增強肌力，因此我非常認真地進行運動，同時也在運動後確保吃得豐盛。

PT 也強調，要讓肌肉成功增長就必須吃得好，他鼓勵我不要有壓力，想吃什麼就吃什麼。甚至連晚上十點吃披薩，他也會稱讚我做得很好。

我第一次把專注力放在身體機能，而不是體態

只靠運動與伸展就讓我的狀態改善了許多。從較輕的重量開始，每次健身都讓我越來越熟悉動作，能做的次數也增加。漸漸地，我開始可以舉起更重的重量，也開始享受到運動的樂趣。我以「這次要比上次更好」的目標持續努力，不知不覺中，我舉起越來越重的重量，肩膀跟手腕的疼痛也獲得大幅改善。

當運動開始變得有趣，我開始對「使用身體」產生自信。雖然因為不忌口讓體重上升，但同樣的體重，肌肉與體脂肪的比例改變，用肉眼就能看到自己健康的模樣，這點讓我很滿意。我的努力改善了身體機能，這讓我感到非常自豪。我逐漸意識到，我的身體並不是為了要展現給它人看、讓它人評論而存在。這讓我減少了對外貌的強迫和執著，飲食障礙症狀也緩和許多。透過運動改善身體健康的同時，心靈也跟著健康了起來。

原本是為了疼痛而開始運動，意外地在改善心情上也很有效。我漸漸喜歡起了本來厭惡至極的運動。當我去旅行或因工作繁忙而暫停運動時，我會明顯感受到情緒難以控制，

這讓我體驗到運動對生活是有幫助。就這樣持續運動了一年左右後，我開始產生了更進一步提升自己的欲望。

努力運動的紀錄，body profile

我一心投入運動的時候，正值 body profile（體態寫真）的大流行期。我想用照片紀錄並收藏我認真運動的結果。然而，在決定拍攝之前，我慎重斟酌自己的心態，是不是因為大家都去拍，才讓我也想跟風嘗試看看。這是因為，有很多人在拍攝完 body profile 後急劇復胖，甚至需要再次依賴食慾抑制劑，而出現在身上的副作用也令人不敢小覷。如果在透過極端的運動與菜單拍攝 body profile 後復胖，這時對於運動和嚴格飲食早已厭倦的他們，將很難單靠這兩點來有效減重。

我是不是也會減脂減到身體無法負荷的程度呢？我慎重地思考後，決定了目標體重與目標體脂量。我的目標不是為了要拍出美麗照片而去塑造身材，而是希望通過努力運動和健康飲食達到最佳的身體狀態，並將這樣的結果以照片形式保存下來。我反覆思量，我是為了要收藏我認真運動的結果，還是為了拍攝照片而運動。為了不本末倒置，我必須隨時讓自己頭腦清醒。

通常大家為了拍攝 body profile，都會只吃雞胸肉、地瓜或蔬菜，但我選擇的可以調整碳水化合物份量的一般餐點。我用碳水循環飲食法，把每天吃的碳水化合物量，以白飯為

基準，限制在 100 公克、200 公克、300 公克（100 公克白飯中，去除水分、蛋白質等其他成份，含有約 35 ～ 40 公克的碳水化合物。）輪流攝取。除碳水化合物外，我也確保其它營養素的攝入量足夠。

不知不覺中，我從碳水化合物成癮中解放

運動後吃的任何食物都像山珍海味。我不喜歡吃起來乾乾的食物，所以無論是誰給我地瓜，我都會直接拒絕。但運動後，地瓜的甜蜜卻讓我著迷。我以為晚餐只吃沙拉會讓我飢餓難耐，但充分加入橄欖油並增加蛋白質的量，使飽足感得以維持蠻長一段時間。

每天早上、傍晚，我都會各運動一次。早上主要做肌力運動，傍晚則是做約 20 分鐘、讓自己大汗淋灕的間歇運動 *。酒就不喝了。

就算不吃雞胸肉加地瓜這種殘忍的菜單，也能一直到一些自己想吃的食物。

---

* 間歇運動：輪流重複做高強度與低強度的運動（不完全休息），可以在短時間內達到高效率的運動方式。

低碳水化合物菜單跟碳水循環飲食法有什麼不同呢？

過度限制碳水化合物攝取時，會導致免疫力低下、掉髮、育齡婦女生理不順等問題。且可能造成碳水化合物食品中包含的膳食纖維攝取不足；過度以蛋白質、脂肪替代碳水化合物時，也可能出現腎結石、酮症等副作用。

我在準備 body profile 的期間，選擇了碳水循環飲食法。早上大概吃半顆蘋果，吃少量的水果；傍晚選擇充分加入鮭魚、蝦、牛肉、雞肉等蛋白質的沙拉，佐橄欖油、義大利香醋。每天午餐都是不一樣的組合。碳水化合物攝取100公克的日子，我會在100公克白飯裡，加入裹著雞蛋的煎豆腐與烤香菇一起吃。攝取200公克的日子，中午我會吃壽司或生魚蓋飯。攝取300公克的時候，中午我會吃100公克白飯配小菜，下午吃顆小地瓜當零食，晚餐吃沙拉配100公克的全麥麵包。

只要好好撐過把碳水化合物限制在100公克的日子，其它天就可以充分地攝取碳水化合物，降低堅持減肥菜單的痛苦感。碳水循環飲食法最大的優點，是不會每天只吃下「雞胸肉、地瓜、青菜」等相同的食物菜單，也不會出現對食物的厭倦感。

我們放遠一點看，雖然碳水循環飲食法也是低碳水化合物菜單，但它與每天定量吃碳水化合物的低碳水化合物菜單的差異在於，我們體內儲存的肝醣量會出現變化。肝醣是碳水化合物儲存在肝臟與肌肉的能量型態，能比體脂肪更快、更即時為身體所利用。只要進行碳水循環飲食法，在少吃碳水化合物的那天，就會使肝醣枯竭。這麼一來，在攝取較多碳水化合物的日子，碳水化合物就會優先以肝醣形式儲存，而非儲存成脂肪。完成高強度運動後，只要攝取充分的碳水化合物，就會產生合成肌肉肝醣的能力。

如果在攝取較多碳水化合物的日子，只進行「設定上的碳水循環飲食法」，如果吃下過量的碳水化合物，將會使血糖上升，反而危害健康，需要特別留意。

食物不斷在腦海中盤旋。我曾經不太喜歡的部隊鍋突然變得想吃，每週吃兩三次的辣炒年糕也讓我非常懷念；我甚至提前列好了拍攝後想吃的食物清單。辣炒年糕、奶油意大利麵、可頌、馬卡龍、炸醬麵、部隊鍋、五花肉等等。

我在兩個月內成功減重 6 公斤，拍攝 body profile 當天，我的體重來到 47 公斤，體脂率降到了 16%。拍攝後一回到家，我馬上叫了外送，點了一份兩個月來心心念念的神殿炒年糕來吃。甚至期待這美味到令人陶醉的滋味，讓我的心情激動不已。

當我吃下第一口，就發出了「沒錯，就是這一味！」的感嘆。然而我越吃，越發現跟期待的不同。我無心地想「我這麼想吃的東西，就只是單純用辣椒醬加年糕所做出來的食物嗎？」，這想法讓我嚇了一跳。與我兩個月來攝取的豐富、清淡的蛋白質、脂肪和膳食纖維的味道和口感相比，神殿炒年糕反而顯得過於單調無趣。

我在不知不覺中，從嚴重的碳水化合物成癮中獲得解放。多虧我認真運動、攝取多元美味食物的經驗與記憶，讓我的味覺逐漸改變。

當然炒年糕還是依舊好吃。然而，我再也不像過去一樣隨時都想吃炒年糕，現在我只會偶爾想吃。因為吃炒年糕的快樂與吃沙拉的快樂，已經沒有太大差別。

如果不想像「一場春夢」般地結束減肥

很多人在拍攝 body profile 後的一週內，體重會增加了近 10 公斤。在減肥期間，「必須吃的食物」和「想吃的食物」距離越是遙遠，在減肥結束後暴食的可能性就越高。我在拍攝後，還是以身體習慣的規律運動與菜單為基礎，把體重維持在 48～49 公斤之間。我在拍攝完 body profile 後沒有復胖，並不是因為意志力有多強。而是因為我不勉強自己，找到了適合自己身體狀況的減肥方式。

減肥也是一種訓練。在減肥期間，必須找到能設定在自己身上的新生活方式，並熟悉它、讓它刻進骨子裡。這麼一來，才能在減肥結束後維持體重。在減重後維持體重是減肥的關鍵。反正都會復胖，沒有理由為了轉瞬即逝的「一場春夢」而辛苦減肥。反覆地減肥，只會使肌肉量流失、體脂肪增加，並降低代謝率，把自己變成易胖體質。

現在的飲食如果是減肥結束後根本不會再吃的食物，那就是錯誤的減肥方法。70 公斤的我，以及 50 公斤的我，不只體重有所不同，體重以外的所有事物也要有所不同。如果還是維持 70 公斤時的生活習慣與口味，就算變成 50 公斤，終究會隨時回到那個 70 公斤的自己。我們來反思自己是否只是單純地改變了體重，而忽略了生活習慣的真正變化。

然而，用心蓋的房子也會崩塌

如果無法在日常生活中持續運動的話

　　如果有種幸福結局叫「永遠不復胖，獲得了苗條的身材」，那該有多好。未來也能持續安穩地以健康的身心生活，這種想法是非常大的錯覺。

　　兩年間持續運動，讓我的體力與肌力都達到非常良好的狀態。硬舉 80 公斤，深蹲 60 公斤，我的肌力僅次於一般成人男性。這是我長久以來累積的成果，也是我珍貴的成就。

　　然而，醫院的業務量過度增加，讓我沒有喘息的空間。當時，Inmode 提拉療程非常熱門，我工作的醫院也搭上末班車，打出便宜的價格，接到大量預約。某天，我計時看看一整天做療程的時間，竟然超過 180 分鐘。我不只是每天拿著沉重的機器，持續做一樣的動作三個小時，還因為溶脂針蔚為風潮，每天要幫患者打上 100 支。

這段期間我所做的所有努力就這麼化為泡影！

因為工作時常常須使用手腕，讓我的手腕再次痛了起來。但我不能因此休息，只要一勉強自己，我的肩膀與手肘關節就開始發炎，背部與頸部也疼痛不堪。後來甚至到了連拿個手機，也會為手腕帶來負擔的程度，手痛到連筷子都拿不好，必須改用叉子。這個狀態讓我完全無法運動，每天只能造訪復健科接受治療，邊吃止痛藥邊工作。

我被絕望感吞噬。因為不想生病才開始運動的我，這兩年間，比誰都認真運動。而我的身體就這樣再次走下坡，所有努力似乎都白費了！

不僅我有這樣的問題，還有其它同事也因為相同的原因在健康上出現問題。雖然我們已經跟院方反應，沒有人能承受得了這麼龐大的工作量，但這反應卻一點用都沒有。面對所有關節都可能受損的情況，我別無選擇，只能在工作三年後被迫辭職，就像被逐出公司一樣。

脫離讓人愉悅的良性循環

在離職後，我拖著滿目瘡痍的身體，整天躺在床上，我連重新恢復的心情都沒有。我只想放棄一切。我被憂鬱與絕望蠶食，身體狀況也每況愈下；我試著重新開始運動，但曾經輕鬆舉起 80 公斤的硬舉已經變得無法實現。我的手腕連拿

個手機都很痛苦，怎麼可能舉起 20 公斤的空槓。看了我兩年的 PT 也說，第一次遇到在這麼短時間內急速崩壞的人。

我認為，不只是我的身體壞掉，連我的心也一起故障，不知道要從哪裡開始重新振作。曾經健康的身體帶來了良好的心情，而良好的心情又促進了身體健康的良性循環，現在這一切都被打破了。

身體一團糟！心理一團亂！對自己好心寒

心想就算不擇手段，我都要讓心情好起來，於是我開始喝酒試著讓自己好過一點。因為不可能改善身體狀況，所以在關節還在發炎的情況下喝著酒，然而手腕的疼痛感讓我以扭曲的姿勢滑著手機；每天使用手機的時間超過 9 個小時，這段時間我不工作也不運動，睡眠跟飲食也都隨便打發。就這樣，我的體重又再次增加了。

當時身體糟、心理也糟，心想著總之我就是個廢人。我對自己的心寒日漸加深。一處於困難之中，以前那個重度循環躁鬱症的我又原封不動地醒了過來。我為了獲得健康的身心曾經如此努力，結果卻被打回原形。這讓我被挫敗感與挫折感完全淹沒。

面對我的負面情緒

即使靜靜地待著，也會不由自主地嘆氣，感到煩悶和惱火。如果有人問我「最近怎麼了？」我會回答他「就是身體不舒服，心情也跟著不好了」。然而，「心情不好」是籠統是結合所有負面情感的說法。

即便是我自己，也很難確定我的情緒具體是什麼。我想需要更仔細審視自己到底產生了什麼樣的情感。只有了解這些負面情緒的實質，我才能找到解決問題的線索。

---

* 下頁表格根據情緒儀表（Mood Meter）之標準，整理並分類出各種情緒。情緒儀表是幫助我們更有系統地認知並理解情緒的工具。這個表以「活力」與「舒適度」兩個向度，分類「正面」和「負面」情緒。只要活力與舒適度兩者都處於高漲的狀態，就代表開心、興奮；當舒適度高漲，活力卻低落時，就代表平穩、沉靜的狀態。當舒適度低落，活力高漲時，就是煩躁、生氣的狀態；舒適度與活力兩者都處於低落狀態時，代表的是憂鬱、無力的狀態。為我感受到的情緒標示出正確的名字，對其加以分析，就能認知並理解我的情緒。以此為基礎，就能幫助我調節我的情緒。

情緒詞彙表

正面情緒 (high pleasantness)		負面情緒 (low pleasantness)	
高活力 (high energy)	低活力 (low energy)	高活力 (high energy)	低活力 (low energy)
驚奇的	感動的	反感的	擔心的
鼓舞人心的	感謝的	亢奮的	害怕的
積極的	寧靜的	憤怒的	孤獨的
充滿活力的	無憂的	令人頭痛的	煩躁的
開心的	悠閒的	痛苦的	憂心的
樂觀的	溫柔的	令人擔心的	洩氣的
磊落的	滿足的	鬱悶的	沮喪的
激勵人心的	心裡暖暖的	驚慌的	浮躁的
興奮的	清爽的	畏懼的	呆滯的
爽快的	心情輕鬆的	看不過的	茫然的
心動的	舒適的	氣憤的	冷漠的
高興的	安心的	不安的	無力的
充滿勇氣的	安穩的	不舒服的	可怕的
狂熱的	安全的	不自在的	悲觀的
有靈感的	有餘裕的	羞恥的	凄慘的
愉快的	心平氣和的	有壓力的	惆悵的
意氣風發的	自滿的	神經質的	不滿的
自豪的	沉靜的	坐立不安的	失望的
自由的	被祝福的	無可奈何的	苦澀的
有趣的	充實的	委屈的	寂寞的
享受的	愜意的	不悅的	憂鬱的
刺激的	從容的	憤怒的	消沉的
快活的	舒坦的	擔憂的	意志低落的

幸福的	平靜的	挫折的	絕望的
活潑的	平和的	煩躁的	厭煩的
著迷的	富足的	焦躁的	疲憊的
興致勃勃的	輕閒的	受打擊的	虛脫的
興奮的	欣慰的	生氣的	後悔的
充滿希望的		感到荒誕的	

　　首先，我試著把心中浮現的情緒寫了下來。 我想起了這些詞彙「煩躁的、憤怒的、生氣的、無可奈何的、鬱悶的、難受的、憂鬱的、絕望的」。為了找到更多能夠準確表達我心情的詞彙，我搜尋了相關的情感詞彙表。

　　我發現能表現情緒的詞彙，比想像中的還要豐富多樣。我在語感些許不同的詞彙中，又多篩選出了幾個符合我情緒的詞彙。如「氣憤的、虛脫的、後悔的、無力的、茫然的」等很適合形容我現在的心情。反之，「苦澀的、乏味的、可怕的、寂寞的」等詞彙則不怎麼符合。我把篩選出的詞彙寫在筆記本上，盡可能詳細地描述為什麼我會產生這些情感。

　　煩躁的｜目前所有情況都讓我不滿意。

　　憤怒的｜這樣工作不只對身體有害，還讓我再也無法工作，上頭卻不聽取我的意見。

　　生氣的｜我付出了那麼多努力，卻沒有人珍惜我的付出。

　　無可奈何的｜以現在的體力來說，一週工作五天超出我的負荷。在我曾提出要求一週工作三天時拒絕我，卻刊登了

一週三天的兼職徵才公告。這到底是怎樣？

鬱悶的｜原來能做的運動現在卻做不了了。

難受的｜身體不舒服、計畫也泡湯，睽違六年第一次休假，卻因為身體不舒服，連玩都玩不了。

憂鬱的｜我認真去做了，但卻得不到想要的結果。

絕望的｜無論我再怎麼努力，身體也不可能 100% 恢復了。

虛脫的｜投入三年心血的工作，喜歡的職場卻變成這個樣子。

氣憤的｜無論身體差不差，只會叫我工作，似乎也不把我當人看。

後悔的｜早知道身體會受到這麼大的損害，當初應該及早放棄。

無力的｜沒有能做的事，也沒有有趣的事，也沒有想做的事。

茫然的｜我該如何以目前的身體狀況找到一份工作並賺取收入呢？

光是在筆記本上書寫，被悶在心裡的情緒重量，也似乎減輕了許多。我在正視自己的負面情緒後，領悟到自己付出全身心的努力，希望得到更多的認可，希望獲得與我投入的愛與熱情相符的待遇。

我的心態也從只覺得自己是個「心情不好就會不知所措、讓自己心寒的人」，稍微有了改變。我是個「為了幸福人生，

認真、踏實生活的帥氣之人。」

　　「雖然這次變成了這個樣子，現在我也無可奈何。如果我要獲得想要的事物，未來該怎麼做呢？」

　　隨著這樣的思考，我過去僅停留在回憶中的思想和情感，也逐漸朝著未來邁進。

先調節負面想法與情緒！

人在世上，總是會遇上的挫折們

就算沒有這次的事，活在世上，總會遇到大大小小的風波，如果每當這種時候，我都如此反應，不用想也知道無法好好度過漫長的人生。因此，我知道需要有點改變。

我阻止不了在發生壞事時，內心產生負面的情緒與想法。然而，我必須學會能夠控制在這時浮現的負面情緒與想法。為了改變無力和沮喪的情緒，我首先實踐了以下三件事。

■改變自己的實踐 1｜報名隔壁瑜珈教室的早晨瑜珈課程 我需要嘗試一些新事物。我在家裡也不常伸展，反正現在狀態也不允許我做肌力訓練，所以我決定試試瑜珈。我會重拾 10 年前放棄的瑜珈，是因為我不太擅長瑜珈。我的肢體本來就比較僵硬，做不好很正常。這個想法讓我放下了忐忑不

安的心。

　　為了改善現在混亂的生活，我刻意選了早晨時段。對我來說，只要能早起去瑜珈教室上課，也算是成功了。畢竟這比一路睡懶覺到下午、把時間都拿來玩手遊，這樣的早晨活動無疑是百倍、千倍的提升。我早起穿上瑜珈服，用茶包泡一杯涼茶，然後前往瑜珈教室。

■改變自己的實踐 2｜閱讀各種領域的書 我為什麼會這麼容易產生負面想法呢？ 我想知道人們如何戰勝困境、成功達成願望，所以我開始讀起了自我成長書籍。其實原本的我，總覺得我可以顧好自己的事，其它跟我狀況不同人們的成功法則，在我身上並不適用，所以對自我成長書籍視若無睹。雖然如此，但這些書對當時想抓住任何一根稻草的我來說頗有幫助。

　　我不只讀了以研究資料與統計為基礎，從科學角度撰寫的書籍，還有為了解痛苦心情的根源，我讀了心理學、哲學、腦部科學及人文學科等多樣的書籍。

　　當時我對隨意吃、隨意睡、只會滑手機的自己感到心寒。然而，多元閱讀後，我了解到每個人在跟我相同的處境下，都可能會做出相同的事，這讓我停止責怪自己。透過這次經驗我領悟了，心情並不完全由意志控制，我不應該責備自己，而是應該為實現自己期望的樣子制定計劃和策略。

■改變自己的實踐 3│每天早上都聽肯定自己的話 為了修正自己在無意識中根深蒂固的負面傾向，我需要某方面的「洗腦」。據說每天早上都聆聽肯定自己的話，持續 100 天後就能改變潛在意識。於是，覺得被騙一次看看也好的我，決定直接嘗試看看。一開始聽這些話的時候，我還是有點抗拒。一聽到「我愛我自己」，我就起雞皮疙瘩；一聽到「今天也值得感謝」，我就邊想著「我都成了身體不好的失業人士，有什麼好感謝的？」，邊感到煩躁。我也觀察到自己對這些話的負面反應，這也是我自身的一部分。

反之，也有覺得「這個讓我滿有共鳴」的時候。雖然每天早上都聽著一樣的錄音檔，但每天的感覺都不相同。只要出現讓我有共鳴的話，我就會整天反覆咀嚼並把它收藏起來。

「我現在擁有的已經足夠實現我的夢想。」這句話對於總是感覺自己不夠並自我鞭策的我來說，帶來了新觀點。如果總是想著要做現在的我做不到的事，會讓我感到心急又焦慮。看著遠方的烏托邦，就只會讓前路看起來更加遙遠，減弱自己行動的意志。要實現目標，唯一的方法就是一步步從現在、從這裡開始前進。

只做現在的我做得到的事吧！

當我煩惱著該做什麼、不該做什麼的時候，我總是會對自己提問：「這是我現在就能做的事嗎？」如果我得到「是」

的回答，我就會想「那麼就這麼做吧！」如果我得到的回答是「否」，既然都不可能發生，我就再也不會將它放在心上。

至於是否這件事是必須做的，或是是否真的必要，這些問題我決定先不去考慮。如果只會煩惱而不付諸行動，就無法改變任何事。如果因為想法太多而感到痛苦，那就試著付諸行動吧！就算是小事也沒關係。踏出第一步後，或許另一個視野就會在眼前展開。

像這樣累積著當下看似沒有用的行動，我摸不著頭緒的情緒就漸漸好轉。

不知不覺就變瘦了

這段期間我是不是太花心思在身心上了？

我的身心靈漸漸恢復後，我決定在新工作中以每週只工作三天開始，輕鬆地過渡一下。

在之前的工作中，我工作時間固定從早上 11 點開始，到晚上 9 點結束，連午休時間都沒有。只要有空檔，我就必須匆匆忙忙地吞下冷掉的外送餐點。就算只吃了一口飯，只要有病人要接受治療，就必須停止用餐上工；每次吃飯都像是被追趕著似的狼吞虎嚥，吃飯時間總是不規律。

幸好新的工作有下午 1~2 的固定休息時間。這是我睽違近五年來第一次擁有固定的午休時間，能在固定時間享用一頓熱騰騰的飯菜，讓我感到無比幸福；吃飯不用被時間追著跑，我還能在飯後，到醫院附近悠閒散步、曬太陽。在上一份工作時，我從上班後就看不到幾次陽光，整天都只能待在

醫院裡。如今，能擁有邊曬太陽邊散步的時間，對我來說格外的珍貴。這才是能讓身心都放鬆及享受悠閒的時光。

首先，照顧亂成一團的身心

就這麼過了幾個月，我的體重在不知不覺中恢復到準備拍攝 body profile 時期差不多的數字。與準備拍攝的時期相比，我的運動量少了許多，但食量增加了；我根本沒有努力減肥，居然還瘦了，這讓我十分困惑。

我第一次減肥是在小學五年級，當時我想減肥，所以午餐時會留飯不吃。國中時，看著電視劇《我叫金三順》中鄭麗媛柔美的樣子，於是嘗試了三天只吃蘋果的原型食物減肥法。曾經的我繃緊神經打理著外表與身材，也瘦不到這個樣的體重。但這次，為什麼我能如此自然地達成呢？是什麼讓我在不費力的情況下減重呢？

因為我沒有刻意減肥。只是努力去掌控我那已經亂七八糟的身心而努力而已，在這過程中，減肥只是個附屬品。

身心是一起前進的

我若感受到壓力，產生負面情緒時，食慾就會跟著爆發，就特別想吃甜的、辣的和刺激性的食物。當把這些食物吃下肚後，又會因為無法控制食慾的自責感而帶來壞心情。只要

心情一差，就更渴望吃刺激的食物，就這麼陷入一種惡性循環之中。

　　身體與心靈是密切相關的。在焦慮或是憂鬱的時候，就算想努力直視並改變這類負面情緒，效果卻常常不如人意。當下定決心不再焦慮，也不代表焦慮就會消失。若要改變心靈，就要從改變身體開始；當身體發出的訊號一改變，腦部就會接收新的輸入訊號，而輸出訊號也會隨著改變。如此一來，就能徹底改變心靈。

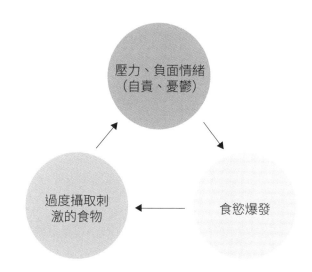

　　如果想改變身體狀態，就必須改變心靈。要減肥，不是單純少吃多動就好，而是要先找到控制情緒與食慾的方法；若心情起伏過大或受到壓力時，與食慾相關的激素也必定會受到影響。強行壓抑爆發的食慾，來打造苗條身材，這簡直

是一件不可能做到的苦差事。

改變飲食，是變化的開始

　　為了改變身體，要先改變心靈；為了改變心靈，要先改變身體。那麼要從哪裡開始下手呢？

　　要改變身體發出的訊號，最簡單的方法就是改變飲食。身體會隨著在哪裡、怎麼吃下什麼樣的食物，而改變分泌的激素與酵素。

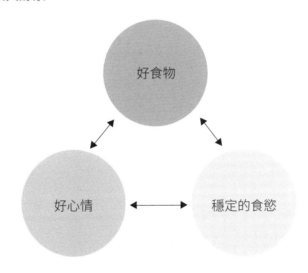

　　雖然食慾會隨著心情改變，但吃下的食物也會大幅影響食慾。如果吃了辣炒年糕，就會想吃甜甜的冰淇淋，這是因為像炒年糕這樣的食物，會招來想吃冰淇淋的慾望。

　　只要攝取不讓食慾爆發的食物，就能安定食慾，也能降

低對刺激性食物的慾望。這樣就會減少過度攝取不應該吃的食物的情況，並降低自責感。隨著壓力的減少，食慾爆發的情況也會減少。這就代表著你正在進入一種良性循環。

　　我在領悟了這件事之後，就算享受了想吃的食物，我也能擁有理想的身材。體驗過讓身心都能平靜的食物優點後，就沒有必要刻意維持減肥計畫。現在我再也不會看著鏡子，覺得自己又胖又醜而感到憂鬱，或是站上體重機後自責地說「啊…胖太多了」，也不再某些食物面前擔心「熱量這麼高，吃了會胖。」

　　就像沙粒一般，越是想用力抓住，越是從指縫中流逝。越是認真追求苗條的身材，反而會離它越來越遠。我們不應該為了減輕體重而費盡心力，而是要控制恣意妄為的食慾與情緒。

　　這麼一來，就會自然而然地瘦下來。

第二章

應該從你
腦中抹去
的減肥常識

不吃東西竟然不會變瘦！

曾是知名吃播 YouTuber 的堂妹

　　我的堂妹曾是一個有名的吃播 YouTuber。從小她就很愛吃，吃相也很有福氣。於是她發揮她的天性與興趣，成為了一名吃播 YouTuber，每週都會拍攝 2～3 部影片。她的訂閱者喜歡看著她大口吞下擺滿整桌的豐盛食物，並呼嚕呼嚕吃下肚的模樣。在拍攝巧克力甜點影片時，她會準備滿滿的巧克力蛋糕、巧克力馬卡龍、巧克力冰淇淋、巧克力餅乾、巧克力麵包、巧克力年糕、巧克力牛奶等食物，並一次全部吃完。如果拍攝辣炒年糕時，她會再加點中式寬粉跟泡麵，甚至配著飯糰一起吃掉。

　　她從拍攝前一天晚上開始，就不碰任何食物。她認為，間接性斷食＊應該能讓自己少胖一點，要保持空腹狀態，才能在不那麼辛苦的狀態下吃下這麼多食物。拍攝結束後，她

總是會馬上服用消化劑與吸收抑制劑，並讓自己肚子餓一段時間。有時因排程的關係，需要一天拍攝 2 部影片，就會讓她痛苦不堪。在拍攝的過程中，食物也很快就會變冷變硬，但她還是得忍著吃下去，彷彿食物美味到無法抗拒。

| 泩周醫師的 Q&A |

吸收抑制劑在醫學上真的有效嗎？

在市面上能輕鬆找到，且最有代表性的抑制吸收劑就是藤黃果（Garcinia cambogia）。它的原理是阻止碳水化合物合成為脂肪，然而，因為近期研究結果顯示，它並不能有意義地幫助減輕體重，我建議還是不要盲目相信其效果。

堂妹在從事 YouTuber 工作過程中，體重也逐漸增加，甚至有留言說她好像長雙下巴了。她認為，如果要繼續吃播工作並維持體重，在平常就只能讓自己保持禁食的狀態。但卻常常忍到發生食慾爆發的狀況，就算當天沒有要拍片，也還是會出現暴飲暴食的狀況。

最後，她的健康出了問題。她不只會無緣無故冒冷汗，睡醒後臉部腫得像是要爆炸一樣，甚至早上跟傍晚的臉型長得完全不一樣；經痛也變得更加嚴重，讓她無法進行正常的生活。

---

* 間歇性斷食是透過長時間空腹，引導人體出現良性反應的方法。詳細說明請參考 256 頁內容。

就這樣過了一年，她的體重增加超過 15 公斤，一舉突破 70 公斤。她認知到自己因為賺錢而犧牲掉健康，最終決定退出吃播 YouTuber 的工作。

我真的都沒吃，卻減也減不掉！

為了找回健康，就必須減肥。堂妹她盡可能維持空腹狀態，每天早晚都做有氧運動，開始了幾乎什麼都不吃的地獄減肥法。然而，她真的連 1 公斤都沒掉。她每天都量體重，只要少了 0.5 公斤，就會期待「終於前面的數字變了」，然後更努力禁食。可是隔天量體重時，卻發現增加了 0.7 公斤。即使什麼都沒吃，體重卻在增加，這個狀況讓她感到絕望又憤怒。

她甚至開始避免與人見面，因為與人約會時就必須要吃東西。她也害怕身體會出現水腫，所以連水都幾乎不喝。她還擔心自己是不是甲狀腺出問題，於是去醫院做了檢查，卻得到毫無異常的結果。

身為醫生的我，也覺得她的身體是個謎。因為她真的不吃也沒瘦下來。每次去醫院，醫生們都會建議她少吃多動。當她說「我真的幾乎什麼都不吃，但就是瘦不下來」，醫生們就會說「仔細回想一下，妳一定有吃下些什麼，什麼都不吃的話是不可能瘦不下來的。」

我在看到她的案例之前，也跟那些醫生們一樣，揣測她一定是吃了什麼。然而，如果按照少吃多動就會瘦的常識來看，她這樣至少要瘦個 20 公斤才對。

瘦不下來的壓力終究還是招來了暴飲暴食

我更仔細地研究了她的身體狀況。她幾乎什麼都沒吃。有時候她只是為了吃 10 分鐘最愛的巧克力甜點，而忍受長達 23 小時 50 分鐘的飢餓。

如此辛苦地減肥卻還是瘦不下來，這點讓她相當憤怒，而壞心情最終轉化變成了暴飲暴食。那是「反正我不可能成功」的憤怒與忍耐已久的食慾組合體。她不僅把家裡的食物全部吃光還不夠，甚至清空前一天家人吃剩的外送食物，最後還煮了泡麵來吃。但她仍然感覺不滿足，還瘋狂吃下多買的鮮奶油麵包跟巧克力麵包。

| 洧周醫師的 Q&A |

如果進行極端減肥法，還是瘦不下來，是不是有問題？

若我們極度限制食量，加上高強度運動，體重卻還是毫無變化或增加，就可以懷疑是否有甲狀腺功能低下、多囊性卵巢症候群，或類固醇副作用等問題。只要抽血檢查必要的項目即可。

當她恢復理智後，發現覆水難收。但無論如何都還想收拾殘局的她，試圖透過把手指放進喉嚨以催吐的方式來處理，但效果卻不如預期，也吐不什麼東西出來。她還故意喝下過期的牛奶，期待能拉肚子；認為應該運動，所以出門跑步。然而，卻因為體力下滑，跑步的速度與一般人走路的速度差不多。

堂妹本來是個愛笑又開朗的人。然而，現在她漸漸把「好憂鬱」掛在嘴邊。她認為自己過著非常不幸的人生，心情起伏也變大，剛才明明還在笑，突然地就流下眼淚。她甚至自己也不知道為什麼流淚，只感覺眼淚就這麼掉了下來。也曾因為芝麻小事而大發脾氣，在路上撞到人，甚至會氣到找碴、找人吵架。

她從食慾到情緒，全都非常激烈又極端。

控制不了食慾帶來的挫折感與自我厭惡

我堂妹因為控制不了食慾，陷入挫折感與自我厭惡中，她罹患了飲食障礙。飲食障礙最大的問題就是讓人變得不幸。盡情享用美食明明就應該是件幸福的事。然而，這個行為卻把自己推進不幸之中。這不單純是因為變胖而變的不幸。責怪自己控制不了食慾，因而貶低自己、厭惡自己，讓自尊心也一併下降。如果心情因此變差，就又會開始想吃點什麼，重複著這種惡性循環，體重增加越多，自尊心就掉得越低。

如果在減肥過程中感到越來越不幸，那就意味著你的減肥方法是錯誤的。如果你的減肥方法有問題，就應該開始重新思考自己的減肥觀念。

尤其是曾經減重成功，但體重上上下下的人們，更應該留意。因為他們曾用自己的方法成功減肥，就會重複嘗試一樣的方法。然而，就算那個方法能幫助減重，但並不是能維持體重的方法。當要再次面臨需要減重的情況，就是證明舊方法無效的證據。

過度頻繁減肥和體重反彈的過程中，肌肉會逐漸減少，體脂肪會增加。以往成功的減肥方法已經造成了現在的身體狀況，因此舊方法將不再有效。

我們需要的不是減肥知識。而是一直以來毫不懷疑地深信的觀念與自己的成功經驗，反而成為了絆腳石。沒有人想在吃著難吃的食物、辛苦減重之後復胖。如果想要獲得與以往不同的結果，就需要不同於以往的行動方式。為了邊吃美食邊擁有苗條的體態和過上幸福的人生，請勇敢拋棄過時的觀念。

飲食障礙診斷表

1. 暴飲暴食。暴飲暴食意即在一定的時間內（約2個小時），吃下比其它人明顯要多上許多的大量食物。
2. 暴飲暴食時，發現自己喪失控制進食量的能力。
3. 因為暴飲暴食而感到壓力。
4. 暴飲暴食時，吃飯速度過快，或者吃到撐、不舒服。
5. 因為吃太多很丟臉，選擇自己獨自吃飯。
6. 暴飲暴食後，因害怕變胖而禁食或是進行過度運動。
7. 暴飲暴食後，曾經試著將手指伸到喉嚨催吐。
8. 暴飲暴食後，曾服用吸收抑制劑、瀉藥、利尿劑等藥物。
9. 上述行動曾反覆出現長達三個月，每週兩次以上。
10. 暴飲暴食後，對自己感到厭惡，伴隨憂鬱感和自責感等負面情緒。

此列表為美國精神醫學會（American Psychiatric Association, APA）在診斷飲食障礙時，使用的診斷標準。包含第一、二項在內的情況較多，當符合的項目越多，則罹患暴食症（Binge Eating Disorder）或心因性暴食症（Bulimia Nervosa）的機率越高。

　　暴食症是一種持續、反覆暴食，無法自己控制暴食，因暴食而經歷羞愧、自責等痛苦的飲食障礙。心因性暴食症比暴食症更嚴重，會出現暴食後刻意催吐，或服用瀉藥、利尿劑等藥物，進行過度運動等不適當地補償性行為。

　　暴食症與心因性暴食症患者，通常對食物、體重、外表過度執著，並極度恐懼體重增加。然而因為無法控制暴食的行為，會在短時間內快速吃下大量食物，即使不餓也照吃，就算腹脹不舒服，也無法停止攝取食物。暴食後他們會感受到自我厭惡、罪惡感與憂鬱感。

如果你的情況與診斷表中多項符合，無論使用何種方法都無法控制食慾。這並不是因為你不夠努力，或是意志力不夠堅定。而是因為食慾本身出了問題，所以無論你怎麼做都無法解決。

在醫院診療過程中，常常會遇到因為外型目的而勉強自己過度減重的人。就算向他們說明「目前已經過瘦，若服用減肥藥會有危險」，還是會有人哭著說「還是開藥給我吧，現在我胖到活不下去了」或是在打消脂針的時候說「走不了路也沒關係，請在小腿多打一點」。

如果你正患有飲食障礙，比起減重，更應該先治療飲食障礙。你可能會對治療飲食障礙感到恐懼。甚至還會擔心，這麼努力注意吃下的食物都減不了了，如果治好飲食障礙之後反而變胖怎麼辦。然而這就像游泳的時候，要放輕鬆才漂得起來一樣，放下對於食物跟體重的壓力與執著，才有辦法達到減肥效果。

在減肥的過程中，不應該犧牲身體和心理健康。無論身材再怎麼漂亮，如果不健康就一點用都沒有。若因為在意身邊的人怎麼看待你的身材，而搞壞自己的身體，那麼最終的責任將由你自己完全承擔。

請記住，正確的減肥方式，目的在保持自己的身心健康與幸福。

致還在計算熱量的你

熱量理論其實都是一派胡言

理論上，要減掉 1 公斤脂肪，需要消耗 7700 大卡。讓我們計算看看，如果我們一天吃 1000 大卡，消耗 2000 大卡，每天就會多消耗 1000 大卡，只要過 77 天，就能減掉 10 公斤。如果體重 60 公斤，不動只呼吸時消耗的基礎代謝量大約為 1300 大卡，吃剛好 1000 大卡，剩下的 700 大卡靠活動量消耗就好。在動得不多的時候，一般行政工作一天能消耗 500 ～ 700 大卡，透過運動再消耗 200 點大卡就夠了。如何，還想聽下去嗎？

根據這個算法，一週 1 公斤，在十一週內體重直線下降，在三個月內就能瘦 10 公斤。然而，實際狀況卻不是如此。如果用這個算法就能瘦，那就無法解釋為什麼會出現停滯期。

請忘掉熱量

我們不能只靠熱量判斷身體對食物的反應。我們的身體複雜又精細，持續進行著循環、呼吸、消化、排泄等工作。我們用鼻子吸入和呼出空氣；心臟把血液供應到全身；腎臟製造尿液；腸子蠕動並分泌消化酵素，來分解和吸收食物。一旦有細菌或是病毒入侵，白血球便會努力戰鬥。我們吃下的藥物，其毒性由肝臟分解。我們的頭髮與指甲也會持續變長，身體製造出精子與卵子。我們只要活著，身體就不會停止這些工作。

所有新陳代謝的作業都需要能量。要維持這巨大又複雜生命體的營運狀態，這不是件簡單的事。光靠我們的大腦，就能精巧地判斷並分配進入體內的能量要用在哪裡；我們的大腦會透過神經與激素，得知體內正在發生的事，並根據狀況，用正確的策略指揮身體做出反應。

當感冒時，食慾會突然下降，並不僅僅是因為鼻塞。實際上是因為我們的大腦下令讓身體專注在免疫反應上，以對抗外來的病毒；身體需要製造更多白血球來擊退病毒。若想把病毒資訊傳遞到淋巴結生成抗體，這時，就必需讓腸胃減少活動；藉此減少消化食物時腸胃蠕動、分泌酵素與吸收營養時需使用的能量。因此，大腦為了不讓腸胃被食物填滿，便會降低我們的食慾。

你盲目相信的熱量計算法非常不準確

其實食品標籤上的熱量資料非常不準確。根據美國食品藥物管理局（Food and Drug Administration, FDA）的資料，不同製造商之間的誤差可能高達 20%。也就是說，標示為 500 大卡的食物，可能是 600 大卡，也可能是 400 大卡。

我們的身體消耗的熱量算法，其實也非常不準確。我們用 Harris-Benedict 公式來計算基礎代謝量，只要輸入性別、年齡、身高、體重，它就會告訴你基礎代謝量是幾大卡。我們通常認為，只要攝取的熱量比「基礎代謝量＋運動消耗的熱量」還低，體重就會減輕，所以我們試著透過計算運動量與食物攝取量來減肥。

這邊有個問題在於，這個公式算的是「平均」基礎代謝量。每個人的基礎代謝率存在很大差距。2004 年，英國生物學家約翰·斯皮克曼（John Roger Speakman）調查了 10 個身高體重相同的人的基礎代謝量，發現基礎代謝量最低的人是 1075 大卡，最高的人是 1790 大卡，差了 700 大卡。實際檢測這十位的基礎代謝量，並計算出平均後，跟約翰·斯皮克曼的公式相符。

這個公式可以用來計算人類最少需要的糧食量，但是對於個人的減肥計畫卻毫無幫助。根據基礎代謝量公式的平均值來制定「我的」減肥計劃，當然會不準確。

我的基礎代謝量，會隨著我的身體狀態而有所不同。就

算精細地計算我攝取的熱量與我透過運動消耗的熱量，如同前述所說，在計算基礎代謝量時，就可能已經出現 700 大卡的誤差。

這 700 大卡，相當於要跑十公里才能消耗的熱量。

少吃是減不了肥的！

一定要吃得少才能減肥嗎？

　　一定要吃得少才能減肥是錯誤的觀念。脂肪不會隨著食量等比增加。當然，無論是吃什麼食物，只要攝取過量，體重就一定會增加。即使如此，這並不是說吃得少就一定會瘦。「一定要少吃」的既有觀念，很容易變成「不管吃什麼，只要少吃就好」的觀念，還有人不吃飯，單想靠吃冰淇淋減肥。

　　當進食量過少時，我們的身體就會發出「飢荒來了」的信號。有一種激素*，在腸胃淨空、感到飢餓時分泌。它會傳達我們身體能量不足的信號，讓身體進入省電模式，這麼一來，我們的新陳代謝就會出現變化；基礎代謝量下降，這時進入體內的能量立刻被以體脂肪的型態儲存，我們的身體變成了鐵公雞。在這個狀態下，無論如何都無法減肥成功。

---

* 飢餓素（ghrelin）有關飢餓素的詳細說明，請參考第 127 頁。

沒有滿足感的飲食是錯誤的飲食

如果每餐吃完飯，還是感受不到滿足感，或出現好像沒吃東西的感覺，那就代表這餐飯是錯誤的。進食應該達到一種讓人不再感到飢餓的滿足感。這種滿足感並不僅僅來自於食物的量，更重要的是食物的質。有些食物會讓你快速感到飽，但也會很快消失；有些食物讓你緩慢地感到飽足，卻能維持較長時間的飽足感。這是因為不同的食物成分，分泌的飽足感激素也有所不同。另外，也有些特定食物，會讓身體發出「飢荒來了」的信號。

吃得少，基礎代謝量獨自下降

你可能還是無法放棄「應該要少吃」的觀念。假如，我們被關在一個只會提供定量食物的地方，無論多飢餓或食慾變得多大，都沒有辦法多吃，這時我們一定會變瘦。

1944 年，美國明尼蘇達大學針對飢餓對人體代謝的影響進行研究。有 36 位男性自願參加研究。這些實驗對象被隔離在明尼蘇達大學足球場長達一年的時間。他們在前面的十二週內，每天正常攝取平均 3200 大卡的食物，同時進行體力勞動。其後的二十四週內，他們持續著體力勞動，每天變成只攝取 1500 大卡。當他們的攝取熱量受到限制時，體重最多減輕了 25%。基礎代謝量比研究剛開始時減少了 50%。結果顯

示，人體為了適應飢餓，會降低心跳數、呼吸與體溫，並減少基礎代謝量。

問題出現在，重新恢復正常攝取 3200 大卡之後，全體參加者的體重快速增加，超過參加實驗前的體重，速度比預想的還快上許多；但僅僅只增加了體脂肪，失去的肌肉並沒有回來。研究團隊在挨餓時降低的基礎代謝量中找到答案。研究團隊透過這次實驗，證實了以下幾個原因，當進入體內的能量減少時，腦部會降低基礎代謝量，節省身體能量使用。換句話說，如果透過少吃來減肥，就會讓人變成易胖體質。

就算沒有這個實驗，只要是嘗試過減肥的人就一定經歷過停滯期，無論你再怎麼用心控制，體重就是減不下來。當你越減越沒精神，脾氣也會變得敏感，同時皮膚跟頭髮也變得一團糟，這就代表你只專注減少食物量，卻忽略了食物的品質。所以你才沒辦法減肥成功。

剛開始幾天或幾週間，也許體重的確會下降了，但只要停止減肥，體重便會以驚人的速度反彈。這是因為腦部認知到當下處於非常不適宜的危機狀況，並竭盡全力將身體恢復到原來的狀態。因此，基礎代謝率降低，食慾增加，整天只想着食物。

像這樣不正確的減肥方式不僅無法達到目標，反而會讓情況變得更糟。

運動燃燒熱量，還是可能減不了肥

一天走十公里的狩獵民族，
與上班族的每天代謝量差多少？

美國杜克大學的進化人類學者赫曼‧龐策（Herman
Pontzer），針對坦尚尼亞哈札族（Hadza）與都市人的能量
消耗量，進行一項長達十年的比較研究。哈札族是一個維持
著舊石器時代的狩獵、採集生活的部落，他們每天都會走上
十公里路。他們的身體活動量，明顯超越幾乎一整天都坐著
的內勤上班族。然而，這份研究揭露了一個驚人的事實。那
就是哈札族與內勤上班族一天消耗的能量幾乎相同。

如果我們的身體只是單純的機械裝置，那麼我們每天的
能量消耗量小幅增加時，最終就會導致體重變化。但事實並
非如此，我們的身體並不是單純的機械裝置。人類是經過長
時間進化所打造出的動態生物，隨著活動量與食物利用狀況

而迅速調整、適應和變化。具體來說，我們的大腦會控制飢餓感和代謝率，使得減重後的體重維持變得極為困難。身體會隨著我們每天消耗的能量與攝取的能量，精密地調節著代謝系統，反之亦然。*

即使透過運動刻意增加使用能量，只要新陳代謝的耗能下降，最終還是會原地踏步。不是單純增加身體活動量，我們身體消耗的總能量就會增加。

運動更不能成為抵消吃下過度食物的手段。這種方法不僅無法額外消耗更多熱量，反而會受到「吃多少動多少」的想法影響，從而無法徹底享受食物及運動的樂趣。換句話說，我們不能讓飲食與運動變成一種莫名的壓力。

---

* 赫曼·龐策，《燃：最新研究，揭開身體究竟如何燃燒熱量、減肥、保持健康！》，譯者：鍾沛君，方舟文化，2022

吃多少、消耗多少能量才不會胖嗎？

吃下的能量－消耗的能量＝體內儲存的能量

這個讓我們深信不疑的公式其實只對了一半。這個公式只適用於幾小時或是幾天左右的短暫期間，長時間的體重變化不能只靠這個公式來解釋。

就如同一個月收入 300 萬元的人，下定決心要存 100 萬，如果出現意料之外的支出，就會努力透過減少生活費或增加兼職工作，試著達到儲蓄的目標數字。

我們的身體也一樣，會優先考慮儲存能量。如果我們身體下定決心要儲存價值 100 萬元的脂肪，我們再怎麼運動、消耗能量，都只會讓基礎代謝量下降，以守護那價值 100 萬元的脂肪。如果這個方法還是行不通，身體就會提高食慾，設法透過飲食來增加能量。這就如同我們盲目地過度運動時，就算身體跟弱雞一樣毫無力氣，但食慾卻還是直衝而上的原因。

身體需要保持一定量的脂肪對我們來說非常重要。當我們無法攝取食物時，脂肪是我們的珍貴能量的來源，它可降低餓死的機率及風險。尤其是女性，在懷孕或生產時，保存一定程度以上的體脂量至關重要。所以如果體脂肪量突然減少，身體就會減少其它部位的能量消耗，或是提高食慾來攝取更多能量，想方設法都必須維持體脂肪。這是我們無法通過有意識的行為和計劃來控制的領域。

真的能靠溶脂針跟抽脂減肥嗎？

比起減肥，它在消除少量脂肪上更為有效

　　無論是什麼，只要價錢昂貴，我們都會期待它帶來等值的效果。然而，價格與效果不會總是成正比。溶脂針與抽脂的技術再怎麼先進，都無法改變腦部設定好的體重設定點*。所以這種手術或療程，應該只能用於減肥後少量局部脂肪的去除。

---

* 我們的大腦會判斷最適合生存的安全體重。大腦認為為生存所需的體脂儲量便成為我們身體的體重設定值。我們的大腦制定的體重設定點，會因遺傳、飲食習慣與生活方式的不同而因人而異，這個大腦設定的體重值不一定總是代表健康的體重。詳細說明請參考第 162 頁內容。

成為醫師後，我為許多患者施打過溶脂針。溶脂針在減少手臂、大腿內側等相較小面積部位的脂肪上，明顯是有效的。然而，儘管在手臂上見效，也不代表在腹部、側腹、大腿內外施打溶脂針，就能達到預期的效果。無論再怎麼提高溶脂針的注射量，都沒辦法消除超過一定量以上的脂肪。不解決身體囤積脂肪的原因，無論再怎麼分解和排出脂肪，身體都不會輕易釋放這些脂肪。

　　假設透過抽脂手術，抽除我體內 20 公斤脂肪中的 5 公斤，身體會為了找回消失的 5 公斤，而促使食慾爆發，並降低代謝率。儘管抽脂部位的脂肪細胞數減少，脂肪膨漲程度也降低了，但其它部位的脂肪細胞卻會大幅膨脹。真的有很多人在抽脂之後抱怨體型發生了變化。比如說，在腹部抽脂後大腿變胖，手臂抽脂後腹部變胖。可能有人會反問，這時候重新接受腹部抽脂不就好了？但這反而會胖到意料之外的部位，有的人後頸部變得厚實，甚至手腕或手指變粗。

　　此外，與一般認為成年人脂肪細胞數量不再增加的常識相反，脂肪細胞若膨脹超過 6 倍，就會開始分裂，使其數量增加；抽過脂的部位脂肪也可能重新再度囤積。

不用刻意減肥，而是讓肥自然減掉

大家應該都聽過太陽與風比賽，誰先讓旅人脫下衣服的故事吧。風粗暴地吹著，想藉此脫下旅人的衣服，但旅人卻抓得更牢，還因為寒冷的天氣扣緊了外衣。而太陽則使用了完全相反的策略，透過散發炎熱的陽光，讓旅人自己脫下了衣服。

以往我們嘗試過的減肥方法，不就跟故事中的風一樣嗎？太陽與風代表著「我們的意識與行動」，旅人則象徵「大腦」，而衣服則代表「體脂肪」。當我們越是刻意吃少、透過運動燃燒能量來消除體脂肪，大腦越是會認為飢荒來了，試圖儲存更多的脂肪。這是場打不贏的仗。

我們應該改變策略。理解身體與大腦的運作方式，並給予適合的訊號，讓身體自己減肥。若我們用正確的飲食與生活習慣，讓大腦判斷不需要額外儲存能量，它就會提高新陳代謝，吃多少就燃燒多少能量。這麼一來，基礎代謝率提高，體溫也提高，身體就能充滿能量，甚至免疫力與生殖能力也會改善。

假的食慾才是真的食慾

有著慰藉、獎勵、稱讚、加油意義的「食物」

　　我在兒科急診室實習時，PORORO 維它命是我的必備品。孩子們因為發燒、腹痛或受傷被送來醫院，在我還沒檢查他們之前，就會開始哭泣了。在這個陌生的醫院環境裡，看到穿著白袍的醫生，都會讓孩子們感到害怕。這時只要遞出 PORORO 維他命，對他們說「嗨？你可以回答醫生的問題嗎？如果你勇敢地回答問題，我就會給你 PORORO 維它命喔」，通常這麼一說，他們很快就停止哭泣。

　　食物（零食）是安撫孩子的有效手段。這種情況在家庭生活中也很常發生。對不想寫作業的孩子，父母可能會說：「只要題目寫到這裡就給你吃一支冰淇淋」，這種方法雖然有點取巧，但確實很有效。食物因此具有了安慰、獎勵和讚美的含義。

如今我們已經長大成人。但我們對待食物的態度跟小時候並沒有什麼不同。努力讀書，考過艱難的考試後，我們會去高級餐廳、用美食來獎勵辛苦的自己；不想工作的時候，吃點零食就會變得比較有動力工作；生氣的時候，我們會用辣炒雞麵或辛辣的炒年糕等食物紓解情緒；朋友跟情人分手的話，我們會跟他一起喝燒酒。當下，吃東西比起填飽肚子，撫慰情緒才是最大的目的。

食物仍然有著慰藉、獎勵、讚美和加油等情感層面的重要意義。

假食慾才是真的讓人按捺不住的真需求

像這樣隨著特定情境或情緒下，突然想吃某種食物的渴望，通常被稱為「假食慾」。其實我非常討厭「假食慾」這個說法，這些人明明就不懂我現在有多煩躁，也不知道在這個狀況下我有多想吃一份辣炒雞麵！這種一定要吃到辣炒雞麵的食慾和感覺，絕對是真實存在的。稱其為"假性"簡直是對它的低估，因為這種渴望太強烈、太鮮明了。

從小到大，我們從來不是只在肚子餓的時候才吃東西。所有人一路上都在各式各樣的狀況下，因為各種原因進食，這些記憶全都一點一滴地累積在我們的大腦中。大腦並不只被設計在飢餓的時候產生食慾，還會因為各種原因產生食慾。讓人難耐的「假食慾」也是我們的腦神經迴路製造出的需求。

換句話說，「假食慾」其實就是「真食慾」。

　　一旦叫它「假食慾」聽起來就不那麼具體，會讓我們想忍耐、無視和迴避它。然而，假的食慾是真的，就像從飢餓中誕生的真食慾一樣，都是在激素作用中所產生。所以，如果單純覺得只要讓腸胃空轉，就可以忍住假的食慾，最終只會招來頻繁的失敗。

　　所以，不要因為吃了東西後還想吃更多而自責，認為自己像隻貪吃的豬一樣。我們「想吃點什麼」的想法，是綜合今天吃下的食物、所處的情境以及心情感受，這些因素共同作用才引發了你想吃東西的結果。別刻意忍耐或無視，我們要找到能好好掌握並控制的方法。

在減重之前，先馴服食慾吧！

飽足感，是不是衝動調節故障了呢？

我先前提到，曾經是吃播 YouTuber 的堂妹最後減肥成功了。當時，她所處的食慾與情感狀態並不一般。大腦中一定是出了什麼問題。我判斷，這個狀態一定是由血清素（Serotonin）無法正常發揮功能所致。

血清素通常被稱為「幸福激素」。若血清素不足，會使人變得憂鬱、焦慮且無力。血清素掌管飽足感與衝動的調節。如果吃到肚子要爆炸，卻沒有飽足感，就是因為血清素沒有正常作用，使腦部感受不到飽足感。無法抵抗想吃點什麼的衝動，並不是因為「我是一頭喜歡無腦吃著食物的豬」，而是血清素功能異常可能導致的結果。

雖然我主修的專業不是神經精神醫學，但我能明確診斷出我堂妹的狀態就是神經性暴食症。暴食症和暴食障礙的成

因多樣且複雜。像我的堂妹因拍攝吃播而開始暴食，就可以將之視為她神經性暴食症的起點。在暴食的過程中，血清素分泌與作用也漸漸偏離正常範圍。而且隨後她還採取了不考慮營養的禁食減肥法，不只導致基礎代謝率下降，食慾更是不減反升。

我的堂妹反覆著禁食與暴食的過程。最終陷入了一場注定失敗的減肥過程，身心全都遠離了「健康」狀態。我建議她試試藥物治療。如果當血清素出現問題，使人無法調節食慾跟情緒時，或許 SSRI* 會是個解決方式。SSRI 是使用上最普遍的憂鬱症藥物，也常用來治療因血清素不足而出現的各種疾病。我曾擔心她或許會覺得減肥為什麼還要吃憂鬱症藥物而感到抗拒，但幸好她能理解並聽取我的建議去執行。

開始服用 SSRI 後，她的狀況有了顯著改善。最大的變化是，她能在吃完適量食物後，放下餐具。她曾是個會邊挖著 Nutella 巧克力醬吃，一邊希望巧克力醬能再甜一點的孩子。現在她已經可以享受適度甜味的食物了。。

---

*Selective Serotonin Reuptake Inhibitor（選擇性血清素回收抑制劑）。有關 SSRI 的詳細說明，請參考第 148 頁。

隨著食慾某種程度上回到正常範圍。她也開始在減肥方式上做出變化，開始了一種以日常飯菜為主的普通飲食減肥法。儘管吃的量比以前多，但她的體重卻慢慢下降。隨著身體的激素達到平衡，冒冷汗或是身體水腫等異常症狀也獲得改善。

她花了六個月的時間，非常緩慢卻穩健地減重。沒有刻意忍耐飢餓，卻成功減掉了超出的體重，甚至換了兩次服裝的尺碼，也開始能參加家庭聚會，她成功地回到生活該有的軌道上。

| 洧周醫師的 Q&A |

任何人服用憂鬱症藥物都能減肥嗎？

我堂妹飲食障礙的症狀十分顯著，透過服用憂鬱症藥物，使食慾與情緒正常化後，才能開始實施正確的減肥法。然而，不是說服用憂鬱症藥物，就能無條件抑制食慾、成功減肥。是否需要服用藥物，應該根據個人的具體症狀，在與醫師詳細商討後，謹慎地做出決定。

有很多原因會產生食慾

人體與只要加入燃料就會毫無怨言啟動的機器不同，人不只想吃能填飽肚子的食物，還想吃能滿足食慾的「美味」食物。即使肚子餓時，卻也有不想吃東西的時候，而有時即

使肚子已經飽了，也會想要再多吃點東西。不只是在腸胃淨空或肚子餓的時候，當缺乏微量營養素＊時，或是在壓力或是情緒因素下，都可能影響食慾。

隨著食慾的種類不同，滿足它的方法也不同。然而如果無視這樣的特徵，只顧著抑制食慾或是用不喜歡的食物填飽肚子，我們大腦的慾望就不會被滿足。如果基本需求不被滿足，腦部就會感受到壓力，變得尖銳敏感又神經質，產生不愉快的情緒。為了消除這樣的不愉快，就會催促身體來吃點什麼。

＊微量營養素（micronutrient）指的是我們身體中雖然需要量少但對健康至關重要的營養素。與供給我們身體所需能量、組成身體，且身體大量需要的碳水化合物、蛋白質、脂肪為大量營養素不同。微量營養素則是維生素、礦物質等幫助身體機能運轉的營養素。雖然我們不需要這麼大量的微量營養素，但若攝取不足，將導致健康問題。

執著熱量導致的失敗減肥

此外，腦部為了生存，有一個維持適當體脂肪量的體內平衡機制。碳水化合物、蛋白質與脂肪是提供身體能量、組成人體的營養素，為人體大量需要的宏量營養素。反之，像

是維生素、礦物質，是能幫助我們身體順利運作的微量營養素。雖然相較宏量營養素，人體需要的量比較少，但如果缺乏這些營養素，可能會導致健康問題。當體脂肪量突然減少時，腦部為了回復原本的狀態，就會提高食慾，降低基礎代謝率。就算攝取較少熱量，也會因為食慾爆發，讓我們越來越難隨心所欲減肥。同樣，就算消耗更多熱量，也會因為基礎代謝率下降而難以達成目標。你如果忽視大腦，只執著於控制熱量，那減肥就注定會失敗。

若不理解這種腦部機制，無條件忍住不吃，只會漸漸走向惡性循環。因無法滿足食慾而產生壓力，食慾又會因壓力而增強。對於不得不減肥但又一直想吃東西的自己感到自我厭惡。當食欲終於爆發時，可能會導致暴食。暴食後，對於無法控制食慾的自己就會產生後悔和羞愧感。這樣一來，減肥就會失敗，連帶精神健康也會受到嚴重影響。

別再用二分法區分好食物、壞食物了

有些食物，在減肥時要盡量避免攝取。越是含有大量的糖、麵粉、劣質脂肪和加工程度越高的食物，對減肥越有害。代表性的食物有炒年糕、炸雞、泡麵、麻辣燙、炸醬麵、糖醋肉、烤腸、餅乾、巧克力、冰淇淋等。

但因此而把這些食物歸在「絕對不能吃的壞食物」，也不是件好事。當你把它視為不能吃的食物時，就會讓你更想

吃平時不常吃的食物。加上當你開始想吃一些被歸類為「壞食物」的食物時，就會因對自己感到心寒或認為自己意志不堅定，開始產生負面情緒。

上述食物本身並非壞食物，而是會妨礙減肥的食物。雖然減肥的時候也應該盡量避免食用泡麵，但在戰爭爆發時，泡麵可是珍貴的糧食。把食物評為壞食物、好食物，很容易會招來極端的反應。它們就只是兩種不同的路徑，一種能引導我們走向減重目標的最有效率捷徑，一種則會讓我們繞遠路。就算會繞點路，如果今天想吃點烤腸，也可以去吃。比較吃下烤腸時得到的快樂，與因遠離減重目標而產生的損失之後，選擇自己想要的即可。比起想著「絕對不能吃！」，這個方法確實容易控制許多。只是，請記住，若偏離減肥計畫越多，就越難走回正途。

我們不應該背負「一定要吃」對減肥有幫助的食物的義務，而應該努力改變想法，讓自己「想吃這種食物」。光是把用詞從「應該做」抽換成「想做」，就能減少許多壓迫感跟壓力。

從馴服食慾開始吧！

99.9%的醫生還是相信只要透過飲食控制減少熱量攝取，並搭配運動增加熱量的消耗，就一定能減重。只交代要「吃這些、別吃那些食物」減少攝取的熱量，並要病患多運動以

增加熱量消耗。這些醫生對於為何我會想吃某些食物的原因並沒有興趣。因為他們忽視了大腦在減肥過程中所扮演的的重要角色。

即使短期內通過消耗更多卡路里來減少體重，只要腦部不改變，身體就不會改變。為了正確減重，我們應該了解食慾。我們不能跟食慾正面對決，而是應該滿足它並安撫它；別想著要抑制食慾，而是應該以一個能承受的程度控制它。但是，要怎麼做才能控制食慾呢？

《好好吃飯（Mindless Eating）》的作者布萊恩·萬辛克指出，人們每天平均會做出 221 次與食物相關的選擇。一開始，我們會選擇什麼時候吃、吃什麼和吃多少。然而，隨著時間流逝，無法拒絕的食物開始出現。只要陷入一次「想吃」的想法中，這個食物與想法就會在腦海中盤旋。我們變成不是以自己為主體來選擇食物，而是被食物給的快樂拖著走。

食物應該要是我想吃的時候吃，不想吃的時候就不吃才對。為了不被食物拖著走、成功減肥，我們應該改變自己看待食物的情感與態度。

第三章

別讓情緒
變成食慾！
從心開始
變瘦的方法

別讓情緒變成食慾！

要是我天生就是吃不胖體質，那該有多好！

「我為什麼這麼愛吃呢？我為什麼會因為變胖而痛苦呢？如果我天生就吃不胖，如果一開始就很瘦，那該有多好！」

減肥減著減著，很容易會像這樣感嘆人生，開始變得憂鬱。直到現在，我都是透過吃來舒緩不好的情緒，如果連這個方法都行不通，就更容易感到無助。

為了成功減肥，一定要同時管理自己的情緒。有憂鬱症的人，更容易過量進食和暴飲暴食，變胖的機率也高於一般人。而肥胖的人，往往因自信心下降和健康惡化而感到憂鬱。憂鬱會使人更容易發胖，而發胖又會使人更加憂鬱。變胖就很討厭了，變胖竟然還會提高憂鬱的機率嗎？為了脫離這種惡性循環，我們不只要改變飲食，更要改變心態。

如同我先前提到的，我曾長時間受情緒障礙和飲食障礙所苦。過度起伏的情緒與食慾折磨著我，明明情緒跟食慾都該是我掌控的，但是它們往往不能如我所欲。即使我下定決心要「讓心情變好」，但心情並不會輕易改變。這都是因為我們的情緒跟食慾是由大腦所產生。

專注在改善當下情緒的腦

　　我們的大腦會在能即時獲得好處的地方做出更大的反應，而對未來會發生的事漠不關心。即使過量飲食，可能會導致肥胖、糖尿病或高血壓，但大腦在當下並不擔心，站在它的立場，讓當下的心情變好更為重要。我們擁有一種進化過的腦部機制，會對即時的好處反應強烈，而對未來的損害反應較弱，我們卻要用它來做出相反的事。人生真不輕鬆，竟然要違背本性才能過好日子。

你的心情會不好，不是因為沒吃東西

　　我們要理解大腦的特徵，並理性地計較什麼才是真的有助於我們的事。我們應該了解現在吃的食物，長期來看可能對身體有害。雖然這種認知不會立刻改變行為，但它本身就是變化的開始。

　　在下列檢查清單中，只要回答「是」的題目越多，表示

你的情緒就越容易變成食慾。雖然不能立即改變這些習慣。但是，我們有必要細細追究吃東西對現在的我來說是否必要，長期下來是否能對我有益。

情緒與食慾的關係清單

1. 你在心情不好時，會想吃特定食物嗎？
2. 你選擇食物時，會受心情影響嗎？（舉例來說，就算心情好的時候，有辦法開心吃下好食物，但心情一團糟的時候，會隨便吃下任何東西嗎？）
3. 你的食量會隨著情緒有所不同嗎？
4. 你在感到孤獨或無聊的時候，會想吃東西嗎？
5. 你的食量會隨著周遭氣氛不同而改變嗎？
6. 你認為吃東西是人生的唯一樂趣嗎？

當心情不好的時候，比心情好的時候更難控制食慾。心情不好的時候很容易會「啊！不管了！我今天就是要吃。」的想法，如果透過吃能稍微改善負面情緒，那就是件好事。但僅僅想依賴食物就能解決這些煩躁、憂鬱、生氣、難過、憤怒、鬱悶、焦慮或寂寞等負面情緒，這種想法是有問題的。因為負面情緒，應該不是因為吃不到食物而產生的吧？

如果還是想吃的話，請使用有條件的策略

當我們習慣在心情不好時，透過吃美食來舒緩情緒，如果突然間斷絕這種習慣，當然不容易成功，光是「應該這樣做」這幾個字，就可能造成更多的壓力。如果即使在不餓的時候，但因為壓力想吃點什麼的話，就使用有條件策略。在「心情不好」與「吃美食」之間，試著加上新的行爲模式，如果試了幾次新行為後失敗，那就去吃美味的食物。

除了吃東西之外，改變情緒的方法還有很多種。請試著積極活用味覺以外的其它感官來改變。我使用的方法如下：

視覺｜觀看可愛或是超級好笑的影片；看著蠟燭燃燒的光點；看著沙漏中流動的沙子
嗅覺｜噴喜歡的香水；塗抹芳香精油；噴室內芳香噴霧；點香氛蠟燭
聽覺｜聽跟當下情緒完全不同的音樂；聆聽平靜的大自然聲音
觸覺｜撫摸小狗；梳頭髮；洗手後抹護手霜；沖個熱水澡；享受按摩

直接活動身體的刺激也很有幫助。做些輕鬆的伸展或是散步、大聲唱歌、動手寫字或畫圖等也有助於幫情緒換氣。

如果試著嘗試新的事物能改善情緒，那就是件好事。如果還是無法改善，就選擇吃點東西吧。這至少能阻攔一個只要生氣就想到吃的人。以上這些是切斷「心情不好→吃東西」之間的連結，進而改善腦部的自動化程序。

別專注在食物上，請專注在情感本身吧！

　　我們的身體透過疼痛接收器傳遞痛覺。如果有人的接受器出了狀況，就完全無法感受到痛覺。沒有了痛覺，就會幸福嗎？並不如此。為了不受傷，一輩子都要殫精竭慮地活著，因為完全感受不到疼痛，可能會導致大事故的發生。就像讓我們疼痛的痛覺，其實擔任著保護的角色，讓我們心痛的負面情緒也是如此。

　　折磨我們的負面情緒，其實是一種保護機制，它存在著有想告訴我們的事。如果我們勇敢地面對這些情緒，而不是逃避它們，我們將能夠更清楚地了解自己，並找到相對應的解決方法。

飲食與自尊感的相互關係

構成自尊感的三要素

我們能透過自主決定並選擇要吃的食物，有助於提高自尊感。雖然食物選擇跟自尊感看似無關，但其實它們關係還挺深遠。自尊感可以大致分為自我效能感、自我管理與自我安全三要素。*

---

* 尹洪均，《低飛的自尊》，商周出版，2017

1 自我效能感是相信自己能成功完成某件事，並達成目標的信念。自我效能高感的人，能相信自己的能力，更積極參與挑戰性的情境，並能在出現困難時，試著努力戰勝它。

2 自我管理是指，覺得自己可以控制思維、情感、慾望和行為。自我管理能力好的人，會感覺自己能夠控制自己的生

活，並打造自己想要的人生。

　　3 自我安全指的是，覺得自己的生活安全穩定。若感受到自己所處的環境危險又不穩定時，自我安全感就可能降低；對於遙遠未來的茫然與擔憂也是降低自我安全感的原因之一。

　　每天我們都會吃東西，當透過自己規劃和管理飲食，就可提高自我效能感和自我管理感。反之，如果反覆吃下不利減肥的食物並對其感到後悔，就會因「我是一個連菜單都遵守不了的人」這類想法，使得自我效能與自我管理下降。而且，自發性地規律吃下自訂的標準餐點，比隨著當下產生的食慾，造成每天吃下不同的食物，更有助於讓自己擁有自我安全感。所以，只要專注於我現在應該吃的食物上，就能擺脫對遙遠未來的擔憂。

　　像這樣在每天重複的生活中，慢慢累積一些能提高自我效能、自我管理與自我安全的小經驗，自尊感也會自然而然提升。當自尊感越高，你越能正向地看待自己，也會尊重自己決定要做出的行動，將有助於選擇正確的食物。

　　反之，自尊感越低的人往往會否定自己，對自己的價值認定也低，容易感到焦慮與自責。若經常感受到負面情緒或壓力，就可能會延續到錯誤的食物選擇。

試著改變每天吃下的食物

　　我在改變飲食後，不知不覺脫離了循環型躁鬱症。我不再因為無法隨心所欲地控制情緒和食慾而感到痛苦。我開始能控制食慾，讓身心也重新獲得平靜。當身心都平靜下來，壓力也減少，就能更輕鬆地控制食慾。即使情緒波動，我也不再像以前那樣不知所措，而是掌握了平復心情的方法。

　　人生在世，若因事不如意而感到痛苦，試著改變每天的飲食吧！從飲食開始練習，並熟悉這些能讓自己成為想要的樣子的方法，無形之中，你也將學會如何將人生變成你希望的模樣。

減肥跟吃東西的快樂，
一石二鳥的邊際效益體感法則

滿足感比食量更重要

想像在遊樂園中你搭上最喜歡的刺激遊樂設施。為了享受更多的快感，你決定再搭一次，這次依然非常有趣。如果你還找到了首次搭乘時沒能感受到的樂趣，這次的體驗就會加倍刺激。然而，當第三次搭乘時，刺激感就不如第一次或第二次那麼強烈了。當第四次搭乘時開始暈眩不適。如果同一個遊樂設施還要搭到第五次，這已經不是樂趣而是一種酷刑。

這種最初讓人滿足的商品或服務，隨著重複使用而逐漸降低滿足感的現象，在經濟學中被稱為「邊際效益遞減法則」。這個法則不僅適用於商品或服務，也適用於感官上。

當你吃下某種食物時，第一口覺得好吃，但滿足感並不會隨著吃下第二口、第三口而增加。過了一定的時間點後，

滿足感就可能會變成痛苦感。如果想更快樂地、更津津有味地吃東西，應該考慮的是如何提升滿足感，而不是吃下的量。

從食物中獲得最大幸福感的方法

1 我們應該知道如何估算吃多少最享受。 肚子餓的時候，感覺能想吃多少就吃多少，但實際上並非如此。下定決心「今天要吃個痛快」之後，很容易會被後悔淹沒。處於吃飽的狀態可能會感到不適或不舒服。消化不良的時候，還會感覺身體沉重，或出現餐後睏倦的狀況。為了避免吃得過多而後悔，你需要了解一個合適的食量，既不會讓身體感到負擔過重，同時又能滿足食欲。

2 我們吃不了世界上所有美食。 YouTube 上可以看到許多人吃下各種各樣的食物，社群網站上也充斥著美食的照片。當你看完這些吃得津津有味的影片後，是否也覺得自己一定要吃吃看那些食物。

但是，他們是他們，而我是我。世界上有數不清的美食，但我能吃到的美食終究有限。我們沒辦法走遍世界上所有的美食餐廳，只要接受有些東西注定屬於我，有些東西注定不屬於我的事實，就能減少無差別的貪吃心態。

3 在吃下各種美食的樂趣中，什麼對我最重要？ 我很享受跟喜歡的人一起品嘗美食的氛圍。因此，我通常不會一個人吃，但如果有朋友陪伴時，我一定會想吃某些食物，像是甜

點跟酒。獨自享用甜點時，因血糖急升急降而帶來的疲倦感，會超過品嚐美食的喜悅。然而，跟朋友們在漂亮的咖啡廳裡，一邊聊著天一邊慢慢享用美味的甜點時，這種快樂是無法替代的。

另外，自己喝酒也僅止於喝酒，但跟朋友一起喝就不一樣了。在心情放鬆的狀態下，聊著心事，就能度過愉快的時光。為了這些偶爾的小幸福，即使第二天體重有所增加，我也心甘情願接受。

吃東西的目的不只「攝取養分」而已。它能消除壓力、慰藉憂鬱的情緒、獲得與他人的緣分、創造珍貴的旅行回憶、慶祝好事發生等，人會出於各種原因而吃東西。讓我們找到在個人飲食生活中可以放棄與無法妥協的部分。

如果說因為吃蛋糕會變胖，就連生日當天都不吃蛋糕的話，那就太極端了。控制吃蛋糕的頻率才是關鍵。若要做到這個，就要掌握我在什麼時候吃蛋糕時會感覺最幸福、最有意義。如果對我來說，蛋糕的意義是「慶祝」，那就能在遇到某人生日時開心地吃下蛋糕。相反地，如果蛋糕對我來說有著消除壓力的意義，那在壓力大的時候，自己吃蛋糕就比在別人生日時吃蛋糕更加重要。吃得越多不代表越幸福。如果找到方法，在我應該吃的食物中獲得最大的幸福，那我就能同時兼顧「苗條」與「享受美食」的樂趣。

我與食物，以及情緒與食慾

雖然理智上知道，但我還是忍不住！

大家都知道學生就應該讀書，但會因為想讀書而讀書的人真的很少。即使知道該做什麼，但是因為我們心中不想做，所以實踐起來往往困難重重。

以前我減肥時，不考慮我想吃什麼食物，只選定我應該吃什麼。我以為充滿糖、碳水化合物、脂肪的炸醬麵，是減肥務必避開的食物，但問題就出在我想吃的慾望難耐。最後再也忍不住，把炸醬麵吃下肚。自己反而會受到「不夠努力減肥」或者「意志力不夠堅定」的指責，這些責備感最終都落在自己身上。

據說強烈的食慾，跟好幾天不喝水時感受到的口渴程度不相上下。因此，別想著要用意志力督促自己，倒不如不製造讓自己想吃炸醬麵，想吃到受不了的情境更重要。

讓食慾不瘋狂的方法

該怎麼控制想吃炸醬麵的強烈食慾呢？無論任何人都難以忍受，那種想吃到要瘋掉的食慾，即使再怎麼努力壓抑自己，也一定會產生「就吃一口就好」的念頭，然後在不知不覺中，可能已經端起碗，呼嚕呼嚕地吃了起來。如果想像這樣與瘋狂的食慾正面對決，多半會以失敗收場。

為了能了解並控制食慾，我們來分析整個過程，看看是怎麼走到吃下炸醬麵的這個結果。在感受到食慾後，一直到吃下炸醬麵的過程分為四個階段。

第一階段｜想像炸醬麵的味道，並開始產生食慾（感覺）

第二階段｜思考是否要吃炸醬麵，然後決定要吃（思考）

第三階段｜把炸醬麵放入口中，咀嚼並吞下（行動）

第四階段｜因炸醬麵味道感到滿足與飽足感（結果）

雖然我們將過程分成以上四個階段，但通常我們都會從第一階段一路順暢進行到第四階段。尤其是好吃或是刺激性強的食物，更能帶來強烈的滿足感，這個感覺也會在腦裡被儲存成強烈的記憶。為了不受食物和食慾的擺佈，成功控制食慾，來看看我們應該在各個階段做些什麼。

第一階段解決方法｜了解食慾 我們身上有著想吃「美食」的食慾。這個需求並不會單純因為吃飽而被滿足。如果每個人都能整天只啃小黃瓜或白蘿蔔過活，那麼大家都能輕鬆減肥。事實上，只靠小黃瓜或白蘿蔔絕對無法滿足我們的食慾。

因空腹產生的食慾、快樂，我們需要了解各種食慾的特徵以及其成因，並用適當的方法滿足它、控制它。

第二階段解決方法｜思考並判斷吃哪種食物才是對的 不管是飯、麵包還是肉，只要熱量一樣就都一樣嗎？人體是相當複雜又精密的生命體，目前還是有許多科學無法解釋的事物。一直到 1958 年，我們體內被發現的激素種類不過約 20 種。雖然現在預估的數量超過 80 種，但醫學界認為，我們還是無從得知是否超過 100 種。當我們都無從得知激素的所有種類，因此更無法了解各種激素作用的時間、功能與範圍。

當我們攝入食物時，身體會根據不同的食物進行精確的生理反應。隨著食物的種類不同，身體分泌的消化酵素、各種激素，與腦部分泌的神經傳導物質也有所不同。

雖然人體仍充滿許多未知，但我們能確定的是，越了解哪種食物對我們人體會產生何種作用，對選擇正確的食物越有幫助。無論是想減脂時、想增肌時、想消炎時、備孕時、抗老時，隨著這些狀況的不同，需要的食物也會不同。為了找到適合自己的食物，具備越多身體與食物相關的知識就越好。

第三階段解決方法｜改掉無意識進食的習慣 終於來到了把食物放進嘴裡、咀嚼吞下的階段了。我們一生中，每天都會吃東西，我們當然非常熟悉吃東西的行為。就算不思考，我們都能熟練地用筷子夾起飯菜，放進嘴裡咀嚼後吞下。像這樣毫不動腦地吃東西的話，能節省腦部使用的能量。然而，其缺點就是我們無法控制無意識的行動，對於品嚐食物美味也沒有任何幫助。

如果想要感受食物 100% 的風味，吃得更享受，就必須改掉無意識吃東西的習慣，學會在吃下適當的量後放下餐具。

第四階段解決方法｜從多角度分析食物的結果 吃下食物之後，就能獲得「好吃、吃飽了」等滿足的結果。這些即時的愉悅感讓我們更渴望食物。然而，某些食物可能會讓食慾爆發，成為暴食的導引線。例如，吃下油膩的食物後，就想喝點清爽的碳酸飲料；吃下辛辣的食物後，就想來點甜蜜清涼的冰淇淋。

此外，我們可能在吃下某種食物的幾個小時後，感到疲倦、無力、消化不良或是腹痛腹瀉。當我們吃下某些食物的幾天後，皮膚就會開始冒痘。這些在一定時間後才會出現的結果，都由食物所造成。若不加以留意，便很難察覺的到。因此，吃完東西後，應該仔細審視自己的身心出現了什麼變化，並掌握各種結果的優缺點。

現在吃下的食物，會對身體造成影響，而這也會再次連結到食慾上。能滿足食慾的食物能給我們飽足感與滿足感，幫助我們在選擇下一個食物時，能冷靜地主導自己的行爲。吃越多健康的食物，就會更容易選擇健康的食物。而良性循環就從此開始。這麼一來，體重也會自然下降。

對飲食的客觀記錄，用餐日記

你好好掌握自己的意志力與行動力了嗎？

「洧周啊，回到家就先換衣服洗澡。」

「媽，我現在太累了。沒有洗澡的力氣。我先在沙發躺一下再洗。」

「妳躺一躺就會睡著。睡醒之後再洗澡可是很煩的喔？先洗一洗，在床上舒服地睡吧。」

「不了。我待五分鐘就去洗？」

「妳現在睡著的話，五分鐘內絕對起不來。洗完再睡吧。」

「（&）#@（$*$#@（... Zzzz ....」

我常常在還沒洗澡的狀況下，就開著燈在客廳沙發上睡到早晨。隔天醒來時，由於沒能好好洗澡感到不舒服，因為在沙發上睡覺也讓我腰疼，還因為開著燈睡覺也讓我感到疲

憊。雖然有點麻煩，但一回家就應該直接走進浴室梳洗，不因暫時拖延而搞到這番田地。我也想一回家就洗完澡、關上燈，躺在床上舒服睡覺。但是我的身體卻不願意這樣行動。為什麼呢？因為我是一個連澡都不愛洗的骯髒人類？還是沒有養成一回家就洗澡的習慣？

仔細思考後，我找到了兩個原因。第一，是我尚未客觀地看待自己多常不洗澡就睡著這件事，我以為只在「非常」、「偶爾」或「非常非常」累的時候，才會不洗澡就睡覺。我曾想畢竟是「偶爾」才這樣，應該不用刻意改掉也可以吧？，但實際上卻一點都不偶爾。掐指一算，忙碌的時候，一週內會有三四次，這種程度就是慣犯了。

第二，我並未區分將自己做得到的事以及做不到的事區分開來。我只要躺下，就很容易睡著；一旦只要入睡，就不太容易醒來。但我還是計劃在沙發上躺個五分鐘後就起床洗澡，這讓我無可辯駁。

總覺得這次應該不會這樣

我減肥的時候，也常常發生類似的狀況。

「我現在吃完冰淇淋，晚餐就真的什麼都不吃了。」

「妳不能吃那個。等等就會肚子餓再吃其它東西。不如現在好好吃飯。」

「飯不好吃。吃完冰淇淋之後不要吃東西就好。」

「上次妳也這樣，結果到晚上還是吃了。」

「上次是上次，這次我真的不會再吃了。」

結果呢？一入夜，我就餓得睡不著，在冰箱前徘徊，最後不是叫外賣來吃，就是吃泡麵才能結束這回合。越晚吃得越多，根本就是一場悲劇。重複發生這種情形，怎麼可能變瘦。

即使我覺得這次一定可以成功，但如果這是個一再失敗的計畫，就不要賭在這種「這次一定會不一樣」的微弱希望上。我認為應該修正為實際上能達成的計畫。

記憶很脆弱！為了自我客觀化，必須做記錄

如果要客觀看待自己，應該掌握自己該改變的事，會在什麼狀況下如何發生。我建議寫用餐日記。雖然它叫用餐日記，但它其實並不複雜。只要簡單紀錄吃飯的時間、吃了什麼、吃了多少，還有吃東西前後有什麼樣感覺或想法就好。在類似的情況下，這樣的記錄就足夠。

17:00 我想吃冰淇淋。吃完冰淇淋之後，我決定晚餐餓肚子。冰淇淋雖然好吃，但沒有飽足感。雖然我想再吃點什麼，但我要忍耐。

20:00 肚子雖然餓，但想一路忍到明天早上。

23:00 肚子太餓，餓到睡不著。點了炸雞。炸雞太好吃，

吃得比想像中還多。

　　隨著累積這類的紀錄，你就能掌握哪種食物能帶來長時間飽足感，吃哪種食物的時候會讓自己再吃下別種食物。

　　我發現當熬夜讀書的時候，就常常會想吃杯麵。雖然只想簡單吃個杯麵，就回去專心讀書，但吃完杯麵之後，就很想睡。杯麵不是能幫助讀書的食物。我只是為了合理化想吃杯麵的心態，把讀書的決心強行掛上了標籤。夜間讀書的時候，我試著用堅果類來代替杯麵，雖然堅果不像杯麵的味道一樣刺激，但可以帶來長時間的飽足感，我也不會再想吃其它食物；而且吃了也不想睡，可以很專心讀書。

　　我身體的反應只有我自己知道。別人無法了解我是飽、是餓、喜歡吃什麼食物或不喜歡吃什麼食物。每個人喜歡的飲食五花八門，即使吃下一樣的食物，每個人的滿足感都不同。雖然小黃瓜是不太會發胖的食物，但對我這種連小黃瓜味道都討厭的人，吃小黃瓜當零食根本是酷刑。我必須自己尋找能讓我吃得滿足的食物。

在社群上用照片紀錄也很有效

　　如果連寫用餐日記都覺得麻煩的話，就試著使用社群看看。照片比文字更直觀，也方便了解到底吃了什麼及吃了多少。在跟自己的聊天室窗中，用照片紀錄吃飯前，還有飯後

剩下的量，簡單紀錄自己感受與想法。只要將怕遺忘的感受與想法記錄下來就好，例如，好不好吃、吃得多飽、吃完是否滿足、是否後悔、是否覺得吃得足夠或是否覺得吃了也像沒吃等等。

　　只要多累積幾次如同「吃完冰淇淋一路餓到早上不可行」的數據後，你就會接受這個事實。我們必須區分自己能做的事和不能做的事。如果一件事情一再失敗，那麼就不應該繼續嘗試，因為那是我們無法做到的事。正如愛因斯坦的名言所說的那樣。

　　　　所謂的瘋子，就是重複做同樣的事情還期待會出現不同的結果。」

第四章

世界上沒有壞食慾！馴服兇猛食慾的情境與解決方案

食慾就跟狗一樣

世界上沒有壞食慾

電視節目《狗狗很優秀》裡，如果主人對待狗狗的方式跟行動改變，原本令自己頭痛的狗狗們大部分都會馬上改變。「狗狗這麼兇要怎麼辦啊？」讓人這樣懷疑的狂暴狗狗，只要好好遵循訓練師的指示制止牠後，也會變得溫馴聽話。

食慾跟這類似。食慾是為了供應能量給身體，會讓我們吃下東西，並感受吃東西的快樂。食慾怎麼可能會帶著不良目來折磨我們呢。世界上沒有壞食慾！如果食慾變得狂暴不安，讓我們難以控制，那都是身為主人的我們所造成的。食慾會根據是否被馴服而改變。

我們所處的社會充斥著刺激性的食物，加上龐大的生活壓力，正是讓我們的食慾變得狂暴、不守規矩的最佳環境。把食慾養得兇猛無比，還盲目地嘗試節食跟運動的話，注定

會失敗。這就像只是對狂躁的狗狗大聲斥責卻不採取具體行動一樣，這麼做是不能消減食慾的氣勢的。首先，我們應該把食慾訓養成原本正常的溫順狀態。

或許你一直以來都埋怨著天生食慾就比別人強，並覺得都是它害你的減肥更加困難。但事實不是這樣的。任何人都能把食慾訓練至溫順的狀態。為了達到這點，我們應該優先改變自己的想法與行為，而不是節食或運動。就像養小狗一樣，如果狗狗快樂，主人也能跟著變得快樂；如果好好訓服食慾後，食慾就能被滿足，而身為主人的自己也能變苗條，找到理想的幸福。

我會在什麼時候、因為什麼原因想吃東西？

為了訓練食慾、讓它變得溫順，我們應該先了解食慾的特性。我什麼時候會覺得想吃東西？我們能依照狀況與原因分成以下幾種。

■ **因為肚子餓所以想吃** 我們通常稱之為「真食慾」。這指的是，吃完食物後，過了一定時間，肚子會感到空虛、發出咕嚕嚕的聲音，這時就想吃東西。當我們感到飢餓的時候，適量地吃是身體必需的動作。然而，過度飢餓可能會導致我們不加選擇地大吃，這就會出現問題。

■ **即使飽了還是想吃** 指的就是在肚子不餓的狀況下，還想吃更多東西。比如，飯後雖然已經吃飽了，但仍然想吃甜

點。當我們要在嘴裡放點什麼，感受味道的時候才會感到滿足；這與快樂有關。既然如此，我們就想吃點更好吃的東西。偶爾，我們會因為肚子飽到要爆炸了，卻還是無法停止對美食的貪念，而感到後悔。

■ **隨著情緒想吃** 有時候就算肚子不餓，也不是說多想吃，但就是莫名想抓點東西來吃。尤其是在壓力大的時候，就會把眼前的任何食物拿來吃。當憂鬱的時候或無聊的時候也想吃美味的食物。在生日或入學、畢業、考試合格等值得慶祝的時候，就會產生想大吃一頓的慾望。

■ **隨著身體狀態吃** 睡不飽的隔天，食慾總是不同於以往。當感到疲倦、頭暈或注意力下降時，可能會想吃東西。這與血糖下降的感覺有關。喝酒後，想吃富含碳水化合物的食物也是因為這個原因。如果是女性朋友，在生理期來的前後，也會特別想吃甜食。

■ **因為變瘦就想吃** 剛開始減肥的前幾天或幾週可能相對輕鬆，但當體重減掉一定程度後，停滯期就會找上門來。這時，可能食慾上升一整天都想著吃，身體也會感到無力。像這樣在變瘦的時候食慾提高，跟我們身體的恆定性有關。恆定性就是指身體試圖將狀態維持在一定範圍的特性。體重也有恆定性。如果找不到能超越體重恆定性的方法，就會出現溜溜球效應，讓體重回到原本的水平。

為我們的食慾打分數

食慾跟飢餓、胃口、情緒、身體狀態及體重變化都有關聯。我們可以為這些項目打分數。 如果完全不想吃的話打 0 分，如果想吃到瘋掉的話就打 10 分。舉例來說，我現在想吃冰淇淋。這時，如果單純想著「我想吃冰淇淋，怎麼辦呢？」這樣是無法好好控制食慾的。試著逐一分析各個項目。

1 飢餓｜現在有多餓？（可以參考今天吃了什麼、是否感到不足、最後一次吃了什麼及什麼時候吃的。）

→ 飢餓分數 2 分。

2 胃口｜吃冰淇淋可以感受其美味，心情也會變好。

→ 胃口分數 6 分。

3 情緒｜現在正在寫這篇文章，因為還沒達到今天應該寫的目標，讓我感到壓力大。

→ 情感分數 7 分。

4 身體狀態｜我有點累了，吃了冰淇淋應該會好轉。

→ 狀態分數 4 分。

5 體重變化｜最近體重沒有變化。

→ 體重變化分數 0 分。

結論｜現在我因為寫文章感到有些壓力，所以想透過吃美味的冰淇淋來轉換心情。

像這樣具體整理一下，就不會產生「為什麼我又像豬一

樣想吃冰淇淋？因為我一直像這樣想著吃，才會變胖！」的負面想法，可以防止對食慾的否定與厭惡。越是否定食欲，它反而會變得越強烈。一直以來我們都用「好餓！」或是「好想吃！」來對食慾一言以蔽之，讓我們更細緻地看待食慾吧！食慾絕對沒有那麼單純。它從與各種感官與情感的複合作用中誕生，我們如果不理解為什麼會產生食慾，而是企圖無條件壓抑和控制食慾，那麼食慾可能會變得無法掌控，讓你陷入困境。只有細膩地觀察並好好配合食慾，才能把它變得溫順、讓它成為你的夥伴。

肚子很餓看到什麼就想吃
飢餓素：把飢餓報告給大腦的激素

飢餓感與飽足感不是由胃來判斷

「哎呦，食物在肚子裡膨脹。太飽了。」

我們在吃下食物、覺得太飽的時候會這麼說。特別像是遇到炸醬麵、炒碼麵、刀削麵等麵類的時候尤其如此，常常會感覺食物好像在胃裡膨脹。

真的是這樣嗎？事實上，不僅僅是麵類食物，即使是米飯或肉類，在吃完後 20 分鐘左右也會感到比剛吃完更飽。其實飢餓感或飽足感，並不是由胃來判斷，而是一種由大腦判斷的感官。不只從腸胃，大腦從整個人體接受各式各樣的訊號；只要食物進到胃裡，胃壁就會膨脹，透過迷走神經向大腦傳遞訊號。

有種激素會傳遞飽足感給大腦。小腸分泌的 GLP-1（Glucagon-like Peptide-1）和 PYY（Peptide YY）最具代表

性。這種激素會感知食物進到胃部並分泌，告訴大腦這些變化。

飽足感跟血糖也有關係。當消化並吸收碳水化合物時，血糖會上升。大腦在檢測到血液中的葡萄糖增加時，會發出飽腹的信號。

不知道激素的名稱也無妨。只要知道體內有這種機制就夠了。了解我們吃完東西過一陣子才會有飽足感，是因為神經、激素和血糖的作用需要時間才能發揮效用。

飽足感不單純跟食物體積成正比。激素的分泌程度會受食物的種類與成分影響，所以就算體積一樣，不同的食物帶來的飽足感也不同。而且，食物通過腸胃的速度，以及血糖的變化程度，也會隨著消化速度改變。因此，在吃某些食物的時候，就算肚子立即感覺到有飽，但也可能很快就消失。

我們的意志力沒那麼強

要減肥，就應該忍受飢餓嗎？忍受飢餓是其實一件非常困難的事。在感到飢餓之前，會覺得好像只要我們有堅定的意志就能戰勝。然而，真的開始餓的時候，就會開始浮現各種想法。

「我為什麼要減肥？我一定要減肥嗎？減肥有什麼好處？如果忍得這麼辛苦還沒變瘦怎麼辦？我能繼續下去嗎？現在吃點好吃的東西不會更幸福嗎？因為今天太餓了，先吃

點什麼，從明天開始再嚴格控制」。

當肚子餓的時候，就會像這樣一直找尋吃東西的理由與藉口。這是因為我們在飢餓的時候，胃會分泌一種叫飢餓素的激素。飢餓素是腸胃淨空時會分泌的激素。分泌出的飢餓素會被傳遞到大腦的下視丘，讓我們感受到飢餓，並想要吃東西。

如果無視激素的影響，就無法有效減肥。飢餓素分泌得越多，我們的大腦就會認知到身體處於挨餓的飢荒狀態，使基礎代謝率下降。你越是不吃，就越節省能量使用。即使少吃點東西，身體也會儲存更多的能量，所以體重減少的效果就不明顯。過度減少食量只會增加便秘的風險。

我們需要的是，只攝取需要的營養素，就停止進食的技巧。要怎麼學會這個看似簡單卻不容易的技巧，讓我們能在飢餓的時候，吃適度飽的時候就停止呢？

1 辨別飢餓感混淆的感覺 當身體水分不足，可能會誤以為是飢餓了。這時候，定時少量喝點水或茶會很有幫助。我上班後一直到午餐時間，會喝兩杯茶。像這樣充分補充水分，就能更冷靜地使用午餐。我們也很難辨別胃部不適跟飢餓的感覺。我們應該好好管理身體狀態，不讓腸胃因喝酒、壓力大或是其它原因而使腸胃不適，如果出現胃炎等問題，就應該要為了身體健康盡早改善。

2 找出使飽足感太快消失的食物 如果在吃下了充分食物的狀況下，飽足感仍然會快速消失，應該檢視自己吃下的食物種類。應該了解哪些食物會給我們適當的飽足感，並且這種飽足感能穩定維持多長時間。每個食物能讓維持飽足感的時間都不盡相同。碳水化合物是讓我們快速飽足、快速飢餓的代表性成分。蛋白質與脂肪能促進小腸分泌 PYY，進而維持較長時間的飽足感。膳食纖維也能帶來長時間的飽足感。這也是為什麼吃飯時一定要包含蔬菜。如果不容易攝取足夠的蔬菜，可考慮會遇水膨脹的海藻酸或洋車前子等產品也不錯。飯前或吃飯時攝取膳食纖維，能更輕鬆控制食量。

在過於飢餓的狀態下吃東西，就會感到更加美味，容易狼吞虎嚥地而過量進食。因此，在稍微填飽肚子的狀態下開始進食，可讓飢餓素的分泌量減少，讓我們能更冷靜地進食。

每個人的消化與代謝食物能力不同，以致我們在選擇食物的時候，應該客觀思考是否能讓我們平靜地撐到下一餐到來的時候。

3 在控制能力尚未建立前，盡量避免加工食品 雖然我們知道應該停止進食，但仍然有些食物讓我們總是不自覺地吃到飽。那些食物就是加工食品。加工食品有成癮性，讓我們在吃飽的情況下也會不停地吃。尤其是加入很多砂糖跟麵粉的食品，更容易讓我們感受不到飽足感。要控制這種食物的量，比其它食物要難上許多。

如果從一開始就想挑戰太難的題目，就注定會失去興趣。因此，直到我們培養出能控制食量的功力之前，應該盡量避免這種食物。

4 固定時間進食　如果我們吃飯的時間不固定，就更容易感受到飢餓。每天固定在十二點吃午餐，我們的大腦就會記住那個時間，並準備吃東西。感到飢餓感的時間點也是個重要的因素。所以我們要在特定時間吃東西，才能輕鬆比較出哪些食物對減肥更有利。

從飢餓感中誕生的食慾，目的不在讓我們變胖。它是幫助我們生存，讓我們攝取必要營養素、獲得能量的必要本能。如果無視這種本能，就難以健康地減肥。在減肥時，應該注意不要過度挨餓。

雖然已經飽了，但還想多吃一點
多巴胺：吃好吃的東西，就有好心情

為什麼我們吃飽後還是無法放下餐具呢？

有時候我們吃得很飽，難以再吃下更多食物，但還是嘴饞，想繼續吃點東西。只要眼前有食物，就算肚子不餓，還是會感受到想吃的慾望。這種情況有時很難用具體的理由解釋，可能只是因為無聊或感覺上想吃等等。

為什麼總是會產生食慾呢？想了解原因，就必須了解多巴胺（dopamine）。多巴胺是大腦分泌的神經傳導物質，與快樂、獎勵、滿足感等有關。然而，多巴胺的作用方式有點複雜又有點微妙。當肚子餓的時候，看到美味的食物，就算不吃，只盯著看也會分泌多巴胺。多巴胺的任務就是賦予我們動機與執行力，讓我們能做出某種行動。在吃東西之前，為了要專心在眼前的食物上，大腦會分泌多巴胺。實際做出行動後的感覺則由腦內啡、血清素、多巴胺等多種物質共同

影響有關。

　　這些物質的差異就出在我們喜歡它分泌、還是需要它分泌。購物是刺激多巴胺分泌的代表性行為。如果你在百貨公司，本來都沒有什麼想法，看到漂亮的東西就覺得「我一定要買」的話，犯人就是多巴胺。那個東西是否實用根本不重要。多巴胺會像這樣迷惑人心，讓人莫名覺得一定要吃東西、一定要買東西或一定要做什麼事。

　　智慧型手機中的各式 APP，也是為了讓你分泌多巴胺而設計的。開發人員們會研究人們在什麼狀況下會分泌多巴胺，讓人們能更經常、更長時間使用 APP，並將之套用在 APP 上。在 Instagram 上，只要每次重新整理就會出現其它貼文，每次連線都會顯示我收到的「讚」數；TikTok 或YouTube 在手指上下滑動時，就會出現無盡的新影片，這都是能強烈刺激多巴胺分泌的因素。

多巴胺錯了嗎？吃太多才是問題

　　我好像把多巴胺講得太壞了。其實多巴胺本身一點錯都沒有。多巴胺是大腦獎勵系統的一部分；如同字面上的意思，就是會隨著我們的行動，讓我們覺得被獎勵的系統。因為我們為了活下去，就必須要吃東西，因此需要一個讓我們在吃東西時感到美味和心情好的獎勵系統。這個系統使我們在感到食慾時，通過食物獲得愉悅的感受，並記住下次也要吃。

1954 年，美國的神經科學家詹姆斯奧爾茲與彼得米爾納，做了阻斷多巴胺分泌的實驗。老鼠們在多巴胺消失後，也失去了活下去的意志。牠們就算飢餓也不吃東西，也不做性行為，什麼事都不做。就算渴了也不喝水，最終因脫水而死。

這個獎勵系統經過幾百萬年的進化，甚至早在恐龍的腦部中就存在。在原始時代，眼前看到什麼就吃什麼，更有利於生存。所以我們進化成了只要看到食物就分泌多巴胺，產生出食慾。因為我們只要吃下充滿碳水化合物或脂肪的食物，就能獲取許多能量，所以我們進化在面對這類食物時，會分泌出更多多巴胺。

問題是，現代社會裡食物過於充裕。不管去哪，食物的誘惑觸手可及，若被多巴胺牽著鼻子走，就很容易吃下比需要的量更多的食物。所以，比起用意志力抑制食慾，不如採用讓多巴胺減少分泌的戰略更有效。

只要去除視覺刺激，就能使多巴胺沉睡

去除讓多巴胺分泌的特定刺激很有幫助。我們看著某些食物的時候，就會刺激食慾。外送 APP 或是社群媒體上的美食、吃播帳號充滿著好吃又豐盛的食物。只要看著那些食物，我中午想吃簡單大醬湯配豆芽菜的選擇就會動搖。只要去除視覺刺激，多巴胺分泌便會減少，安撫食慾讓它變得溫順。因此，故意沒事用各種刺激誘導多巴胺分泌，將會把食慾弄

得過度強烈，然後還想用意志力忍耐並戰勝它，就是一件非常沒有效率的事。

｜洧周醫師的 Q&A｜

不能用吃播當作替代性滿足嗎？

我們通常會看著吃播來進行「替代性」滿足，但食慾這個慾望，只有在吃了東西後才能解除。所以，若我們實際上不吃，就不可能滿足食慾。看吃播替代性滿足的人之中，沒什麼人能有「哎呦，我絕對不要吃成這樣」的想法。反而，大部分的人往往會暗自希望自己有一天也能像這樣盡情吃。

吃播內容大部分都是暴食或是過量飲食。當我們觀看著這種影片，在無意識中可能也會產生「我應該也可以這樣做吧」的想法。又或者，是因羨慕那些吃很多也不會胖的人，產生不必要的剝奪感。

這種對吃播的觀看，不僅不能真正滿足食慾，還可能會激發更多的食慾和不必要的渴望。為了更有效地控制飲食和食慾，應該考慮減少此類的視覺刺激，專注於培養健康的飲食習慣和心態。

大腦很好騙，製造微小的替代行為吧

在家裡囤放一箱餅乾，下定決心只在覺得一定要吃的時候吃，這件事的失敗機率非常高。如果伸手可及之處沒有餅乾，就算想吃，也會多思考一下是否真的值得立刻出門去買。如果想吃想到願意承受去便利商店的麻煩，那就這麼做吧。但是，一定要檢查吃完之後，自己是否對這行為感到後悔。如果覺得後悔、覺得白吃了，下次就應該要準備其它的行動

策略。試著不去做已經習慣的行為模式非常困難，所以預先準備好替代方案會很有幫助。

　　明知道飯後吃的甜食有多不利於健康，我還是喜歡在飯後吃一點甜甜的餅乾。然而，決定控制食慾之後，我開始吃黑巧克力代替餅乾。當決定不吃餅乾的時候，我會一直陷入要吃還是不吃的矛盾中。但是用黑巧克力來代替餅乾之後，我並不覺得空虛，也不用刻意忍住想吃餅乾的慾望。而且可可含量 85% 以上的黑巧克力含有豐富的多酚 *，將有助於減肥成效，根本是一石二鳥。

---

* 多酚是一種在植物裡發現的化學物質，可防止老化，以抗氧化物質聞名。它能中和在消化及運動等代謝過程中產生的有害自由基，復原受損的細胞與黏膜。能有效抗發炎、抗過敏、調節血糖與維持血管健康。

| 洧周醫師的 Q&A |

可以隨便找黑巧克力來吃嗎？

黑巧克力指的是可可含量超過85%的巧克力。超市賣的巧克力中，有很多都只是號稱黑巧克力，其實是含糖量超過40%的假黑巧克力，這樣的巧克力並不符合真正的黑巧克力標準。可可含量70%的巧克力，可能也會讓你攝取比想像還多的糖分，需要特別留意。吃下可可含量超過85%的黑巧克力時，可讓口腔變得乾淨，也有鎮定食慾的效果。

但，仍然應該注意不要吃得過量，最好只作為口感調劑來輕量使用。

替代方案不僅限於食物。我們的腦部常常從身體與外在環境接收並統整和解讀各種訊號。這是為了在當下這個瞬間做出合適的決定。當大腦如果感知到想吃點什麼的食慾，就一定有它的理由。這時，若想改變大腦的判斷，給予其它一些刺激就非常有效。例如，刷牙、洗澡、簡單散步、或和朋友講電話等行為，都能帶來意外的效果。只要這些行為不難上手，讓自己做著就能專注起來，就是好的行動。

　　只是它不能太複雜。要忍住不吃已經很難了，如果連替代方案也難，反而會擴大食物的誘惑。反正都要做了，像刷牙這種能快速解決的事，或是像洗碗這種容易達成的小事都很好。

我的替代行動清單

1.刷牙│這是讓口腔清淨，既簡單又好的方法。在乾淨的嘴唇上塗上護唇膏或口紅，暫時就不會想吃東西的念頭。

2.洗碗│洗碗的過程中不僅會讓肚子感到飽足，看著變乾淨的水槽，也能得到這一餐已經完全結束的感受。

3.伸展│伸展全身的關節可以幫助身心放鬆。伸展後，關節會向大腦傳送訊號，讓身體與精神都爽快了起來。

4.簡單的散步│只要身體開始動，發出的訊號就不同於動也不動的時候。當肌肉運動時，為了消化，集中在消化器官的血液也會被重新分配。以防萬一散步到一半看到零食就想買的衝動，出門時乾脆把錢包跟信用卡放在家裡。

5.洗澡│清爽的洗澡能讓你有重生的感覺。尤其用冷水收尾，身體就會分泌腎上腺素，帶來充滿活力的效果。但注意不要在過飽的狀態下洗澡，可能會影響消化。

6.跟朋友通話│不能只傳簡訊或LINE訊息，一定要講電話。只要三分鐘，聽到朋友的聲音就會在不知不覺中集中精神。掛掉電話後，就會發現食慾已經鎮定下來。

7.剪指甲│由於我的工作需要，經常修整指甲。看著被剪下來的指甲，就會感覺心情愉快。

8.削鉛筆│我喜歡用刀削鉛筆，我會為了削成端正的圓錐體，而保持專注。聽著削木聲，看著被削下的木頭部分，心情跟食慾都會獲得平靜。

壓力好大！該先吃點什麼才行
交感神經系統：被迫超出負荷

我們大腦還沒適應現代社會

我們的人生充滿了大大小小的壓力。從今天的妝髮令人感到不滿這種小事，到大學入學考試、求職面試等大事，對我們來說都是一種壓力。要跟討厭的人一起工作、即將到來的工作截止日期中發現錯誤、關於自己的不實傳聞、不合意的戀愛問題、痛苦的金錢問題、還是讓人煩躁的樓上噪音等等。我們面對的壓力大多來自精神層面和社會關係。壓力大的時候，心臟會砰砰跳、變得焦躁、消化也不順暢，也很難睡個好覺。我們在需要冷靜的情況下反而更加緊張，還會把事情搞砸。

為什麼會這樣呢？那是因為我們的大腦壓力應對系統還沒適應好現代社會。我們的壓力應對系統，是所有脊椎動物共有的原始本能系統。在野生自然環境下受到的壓力，與現

代社會中受到的壓力性質截然不同，但大腦用的還是同一套作業系統來處理這些壓力。

在野生自然環境中，我們最大的壓力來源就是天敵的攻擊。例如，野豬突然在眼前出現，我們應該選擇瘋狂戰鬥或迅速逃跑；我們稱之為「戰鬥或逃跑反應（fight-or-flight response）」。這種情況下，大腦必須保持清醒，肌肉也要展現爆發性的力量。壓力應對系統對這種情況做出了最佳的調整，我們的交感神經系統被活化、為了對付壓力等刺激，在我們的身體製造最多能量的過程中，會分泌名為皮質醇（Cortisol）的激素。皮質醇分泌時，能量會瞬間集中至大腦與肌肉，心臟更用力跳動，呼吸也變快，能更快速地供給血液與氧氣。它會將消化器官與生殖器所使用的葡萄糖，分配給大腦及肌肉使用。既然處於轉瞬間就可能失去性命的處境，就先暫時推遲消化、生殖和免疫等不緊急機能的能量供給。

反正要跟野豬分出勝負不過只需要五分鐘時間，隨後就能再次迎來和平。大腦的壓力應對系統，就是為了處理像這樣左右生死的五分鐘緊急狀況而存在。然而，現在我們受到的壓力並不會在五分鐘以內結束，這些是不能透過使用肌肉解決的心理壓力，並且可能會持續好幾天、好幾個月，甚至好幾年。

在壓力社會下逐漸疲乏的交感神經系統

我們的體內有著交感神經系統與副交感神經系統的組合。我們可以把交感神經系統想成前面提到的壓力應對系統的部下。交感神經系統連結大腦與我們的身體器官。當我們感知到壓力,大腦就會活化交感神經系統,引起各種系統對此產生反應,例如心跳與呼吸加快,消化系統、生殖系統和免疫系統則把能量轉移到大腦與肌肉。這就是為什麼我們壓力大的時候,會消化不良、性慾降低及免疫力下降的原因。

在沒有壓力的時候,我們的身體是由副交感神經系統支配。副交感神經系統會將我們的身體維持在舒適和安定的狀態,心跳和呼吸是深且緩慢並且穩定。此時,消化功能順暢,肌肉也處於放鬆狀態。理想情況下,我們的身體應該盡量處於被副交感神經系統支配的狀態。交感神經系統只應該在非常短暫的時間內被激活,這樣才能保持平衡。

按比率計算,副交感神經系統應佔 95%、交感神經系統只佔 5% 才是適合的。

然而,在如今這樣壓力大的社會中,交感神經系統經常被激活。本應該只在緊急情況下短時間內運作的交感神經系統,若過長時間且頻繁地被激活,就會逐漸疲憊,功能下降,最終無法正常運作。

讓食慾暴增的最大戰犯－壓力

當壓力大的時候，大腦跟肌肉會爭吵著要能量。只要交感神經系統功能正常運作時，就能從消化系統、生殖系統等暫時借用能量，供應給大腦跟肌肉。但是，當交感神經系統因慢性壓力而疲乏，連這個功能都無法好好發揮，就算偶爾可以，但消化系統與生殖系統可無法忍受能量一直被借走。這麼一來，身體本身就變得無法解決大腦需要能量的問題。

為了解決大腦這種問題，就必須擬定出其它對策。而其中之一，便是在壓力大的時候吃東西，從外部獲得能量供給。當壓力大或心情不好的時候會想吃東西，就是來自這避不掉的原因。然而，即便我們因為大腦的需求而吃，這些能量也不會全部進入大腦。雖然，能量也會被分配到全身，但由於現代社會產生的壓力，大多無法透過體力勞動來解決，用不完的能量，最終會被以體脂肪的形式儲存起來。這就是為什麼壓力大的時候，我們一定會慢慢發胖的原因。

由於壓力引發了暴飲暴食，導致體重增加，而看著自己發胖的樣子，又會進一步增加壓力。該怎麼解決這樣的惡性循環？在壓力下感到食慾增長時，千萬不要責備自己或自我批評。原因不是出在我們軟弱又缺乏意志力，而是另有科學的原因，讓大腦與身體不得如此運作。因此，要克服這個問題，我們應該用科學的方式來解決。

我們應該努力從根本減少壓力。雖然這聽起來太理所當

然，但這也是沒辦法的事。在充滿壓力的情況下若無防備地接受壓力，會讓身心健康陷入危險。「壓力是萬病的根源」這個說法並非毫無根據。我們一定要找到保護自己的方法，以解決身心健康的問題，而非單純的減肥問題。

壓力調節法 1 │ 深而慢的深呼吸是沒有副作用的抗焦慮劑

壓力不是只要下定決心「不接收壓力」就能解決的問題。大腦中有一個名為「杏仁核」的區域，專門用來感知和對應壓力產生反應。當杏仁核高度活躍的時候，人就更容易受到壓力影響。但是，擁有容易受到壓力影響的大腦並不意味著沒有希望。

因為大腦有著隨時能改變的神經可塑性（neural plasticity）。神經可塑性是種大腦機能，在神經細胞生長的過程中，改變彼此間的連結來產生新的神經迴路。長大成人之後，腦部還是可能改變。只要進行改變大腦的訓練，讓我們的杏仁核不過度活耀，就能擁有不受壓力影響的鋼鐵心智。當心智變得堅強，也能降低交感神經系統的活躍。建立鋼鐵心智的方法很簡單，就是呼吸與冥想。你會質疑用這種老套的方式是能改變什麼？事實上，效果非常顯著。

呼吸有個神奇的地方。我們體內的循環、消化、呼吸、排泄、生殖等代謝作用，都與我們的意識無關。例如，我們不能用意志要心臟跳快一點，或將小腸的食物推到大腸。

但是在某種程度上我們能自己控制呼吸。試著現在馬上吐出所有空氣，再深深吸一口氣。就算像這樣只改變呼吸方法，就能改變透過迷走神經傳遞至大腦的訊號。大腦透過神經與激素來接收報告，得知體內發生的大小事。只要身體傳遞的訊號改變，腦的神經迴路運作方式也會隨之改變。

心情平靜的深慢呼吸法

　　試著閉上雙眼，進行慢又深地呼吸 60 秒看看。首先，把剩餘的空氣都吐出來。然後，花 15 秒慢慢吸氣和吐氣。可採用：吸氣 5 秒，停留 5 秒，再吐氣 5 秒。重複這種呼吸方式四次。如果感受變化不明顯，也可以重複十次以上。

　　若在呼吸慢又深的時候，感覺到心情平靜下來的話，這並非僅是心理作用。透過呼吸來改變自律神經系統的平衡。交感神經系統會使得呼吸變快且淺，但我們可以通過意識控制進行慢又深的呼吸，就能調整交感神經系統的開關。我們的情緒受到身體訊號很大的影響。有一種叫乙型阻斷劑的藥物，能減輕焦慮。服用這類藥品，心跳會變慢，焦慮感也會減輕。大腦在心臟快速跳動時，會莫名感到焦慮；心臟緩慢跳動時，則會莫名感到輕鬆。

　　我曾經在壓力大、焦躁又不安的時候，會想「我真的希望能通過藥物擺脫這種感覺！」。現在我會假裝自己已經吃

了藥，閉上眼睛進行深呼吸一至兩分鐘。當呼吸慢下來，心跳也會平靜下來。深呼吸後，當我睜開眼睛，剛剛讓人頭暈的焦慮、擔憂和憤怒在不知不覺中已經遠離自己，神奇的是，我感覺變得跟剛剛的我不一樣了。緩慢的深呼吸，是我隨時隨地都能免費服用的專用抗焦慮劑。

壓力調節法2 ｜ 從一分鐘冥想開始

提到冥想，你可能會覺得跟宗教有關，或是覺得深奧，因此感到抗拒。冥想的基礎是觀察自己真實的狀態。保持現在的狀態，閉上眼睛觀察自己。「冥想？那是什麼？要怎麼做才對？有什麼用？」如果你這麼想也沒關係。觀察自己腦海中浮現的想法，讓它們自然地流過去。一開始會覺得有點尷尬難以集中注意力。我也曾有過這樣的經歷。如果你不知道該從什麼開始觀察起，只要伴隨呼吸一起做就行了。試著感受吸氣和吐氣時，身體某個部位的動作。開始時不必強求長時間進行，從一分鐘輕鬆開始。如果覺得效果不錯，可以逐漸拉長時間。

我推薦的冥想 APP 跟冥想課程

冥想指南：我推薦 Netflix 跟 YouTube 上都能觀賞的「冥想指南」給大家。 光是看著圓潤可愛的動畫，心靈就變得富足，連聲音都悅耳無比。只要一邊發呆一邊看影片即可。

冥想指南於 2012 年首度上市，大部分都是十分鐘以內的短片，透過說故事，讓你打開心房，藉此引導你冥想。有研究結果指出，就算只使用冥想指南十天，即可使負面情緒減少28%。

內在溝通：在內心混亂的時候，一些心靈類的線上講座，能讓內心平靜下來。根據研究表示，經過冥想四週，人腦部的杏仁核反應就會顯著減少。透過冥想來改變大腦功能，不覺得很酷嗎？

生理期間食慾大爆發
血清素與雌激素的玩笑

經前症候群：管它什麼理性與洞察力

減肥難關過不完。當我認真減肥，減了大概 1~2 公斤，結果生理期就要來了。登愣！我變成了對萬事厭煩的敏感大王，不悅的心情直衝天際。我想吃糖！我沒有能不吃甜食就撐過去的天份。就像是被迷惑似的去超商掃貨，買了巧克力、餅乾、冰淇淋跟軟糖。回過神來，眼前只剩下包裝紙。什麼時候吃的？是誰吃的？還有誰！都是我吃的。隔天起床，整張臉水腫，也因為便秘，吃了這麼多的東西卻拉不出來。好不容易減掉的體重，荒謬地又重回到減肥前的體重。

每個月都有生理期，還可能減肥嗎？我實在是沒辦法能阻擋經前爆發的食慾。這是大自然的召喚！讓我切身領會，人不過只是一介激素的奴隸。個性與食慾都會隨著激素而改變。能幫我計較即刻利益與未來損失的理性與洞察力，在此

完全派不上用場。有許多女性都無法跨越每月找上門的生理期難關，最終放棄減肥。為什麼它要這樣欺負我呢？之後幾十年還會每個月固定來，天啊！這需要擬定一個對策。

血清素不足導致的經前暴食

「經前症候群（premenstrual syndrome, PMS）」為女性激素中的雌激素與黃體素，以及神經傳導物質血清素和維生素等複合作用所導致。生理期前雌激素與黃體素的濃度改變，將導致血清素缺少。激素的變化會導致憂鬱情緒、食慾增加、腹脹、胸痛、青春痘和水腫等症狀出現。

在雌激素、黃體素和血清素之中，與食慾增加最有關的是以「幸福激素」廣為人知的血清素。血清素能讓我們產生飽足感，也有控制衝動的功能。若這個功能成效不良，就可能產生前面提到的神經性暴食症（bulimia nervosa）。神經性暴食症是會為了挽回暴食的局面，反覆催吐的精神疾病。憂鬱症藥物 SSRI 常被拿來作為神經性暴食症的治療藥物。因為神經性暴食症與憂鬱症都和血清素有關。SSRI 扮演了提高大腦中血清素濃度的角色。血清素不夠的話，某些人可能會得到憂鬱症，也有些人會得到神經性暴食症，也有些人會被兩者所困擾。所以，提高血清素的藥對這兩者都很有幫助。

生理期前食慾變強的症狀也跟血清素不足有關。因此，我們能使用 SSRI 來治療這症狀。但是，我不是要大家都去

吃這個藥。只要是女性應該都懂經前症候群的感覺如何。有90% 的女性會經歷經前症候群，但符合醫學診斷標準的只有約 20% 至 30%。經前症候群中，症狀嚴重到會影響日常生活的症狀被稱為「經前不悅症（premenstrual dysphoric disorder, PMDD）」。該症狀需要醫學治療，約 5% 的女性會有這麼嚴重的症狀。

由於月經前食慾增加是常見的現象，可能會讓人不確定是否需要醫學治療。如果經前暴食症狀太過嚴重時，可能是血清素濃度出現問題，需要接受神經醫學科專科醫師的診斷與治療。希望你在治療時收到 SSRI 的處方，也不要覺得「竟然要因為食慾吃到憂鬱症的藥」。SSRI 可以同樣被用在憂鬱症、神經性暴食症和經前不悅症等的治療上。

不就醫就能增加血清素的方法

如果沒有嚴重到會被診斷為經前不悅症，但又快被經前爆發的食慾搞瘋、減不了肥的話該怎麼辦？只要使用下列方法，不需要服用 SSRI 也能增加血清素的合成。這些方法都有科學證據支持：

■ **每天曬太陽** 即使只在明亮的陽光下稍微散步一下，也能促進維他命 D 和血清素的合成。養成午餐時出去散步十五分鐘的習慣吧。如果冬天的時候莫名覺得憂鬱、無力，體重甚至還增加，原因可能就出在冬季日照減少，身體平衡

產生失調。所以,我們應該特別注意,在冬季時獲得充分日照。

■ **攝取維生素 D** 充分攝取維生素 D 也很有幫助。有93% 的韓國民眾沒有攝取足夠的維生素 D。可透過青魚類、蛋黃和菇類等,有豐富維生素 D 的食物增加攝取量。如果不方便從食物攝取,也可以從健康食品攝取。

■ **做運動** 運動是促進血清素分泌最直接、有效的方法。並不需要進行劇烈的運動,只要透過輕鬆的有氧運動或是伸展運動,也就能促進血清素的分泌。

不就醫就能減少雌激素的方法

雌激素與黃體素的濃度會隨著生理週期改變,這時若處於雌激素遠超過黃體素的「雌激素相對優勢(Estrogen Dominance)」狀態時,經前症候群的症狀會更加嚴重。因此,不讓雌激素過於強勢,就有助於緩和經前症候群。雌激素相對優勢會誘發嚴重經痛和月經不規律等問題,嚴重時還會引發子宮內膜異位症等疾病。

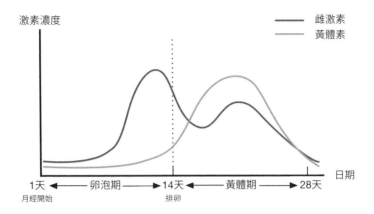

隨著生理週期改變的激素分泌

激素濃度

—— 雌激素
—— 黃體素

日期

1天　←——— 卵泡期 ———→ 14天 ←——— 黃體期 ———→ 28天
月經開始　　　　　　　　　　　排卵

　　雌激素相對優勢從何而來？雌激素容易受到外部因素影響。例如，現今孩童的第二性徵比以往早出現，主要是受到飲食等外部環境的影響。根據韓國保健統計數據，1920 年代出生的女性經期年齡為 16.5 歲，而 1980 年代出生的女性為 13.1 歲，1990 年代出生的女性為 12.6 歲，首次有月經的時間提早，這個趨勢也延續至今日。這表明，我們從小就經常暴露在影響黃體素分泌的因素之下。

　　我們來看看需要特別留意的事物吧。只要留意這些因素滿一個月，下個月的經前症候群症狀嚴重程度就會改變。

　　■ **減少使用塑膠和一次性產品**　我們周遭充滿我們無法察覺的化學物質。尤其像多氯聯苯（PCB）、雙酚 A（BPA）、鄰苯二甲酸酯（phthalate）等化學物質，都是環境激素（xenoestrogen）。環境激素的化學結構與雌激素相似，在身

體裡扮演類似雌激素的角色，是種會擾亂激素正常分泌的物質。只要極少量，就可能對我們的身體帶來重大的影響，為了避免我們應該用玻璃或陶瓷製品代替塑膠和一次性產品。

■ **減少攝取加工食品**　加工食品中含有許多我們無法辨識的食品添加劑。部分食品添加物、防腐劑、抗菌劑、色素等可能含有環境激素，因此需要多加留意。加工食品的塑膠容器或蓋子、塑膠膜等也可能含有大量的雙酚 A（BPA）。

■ **檢查化妝品成分表**　屬於環境激素的鄰苯二甲酸酯與對羥基苯甲酸酯（paraben）也大量存在於化妝品中。對羥基苯甲酸酯常被用來抑制細菌和黴菌的生長，是很常使用在化妝品中的化學物質。另外，香料與色素等也可能含有環境激素等化學物質。選擇化妝品時，應否仔細檢視產品成分表。

■ **留意肉類與乳製品攝取**　肉品業者為了便宜收購美味的肉品，會餵養家畜基因改造玉米、大豆製成的飼料，並對其注射抗生素與雌激素。在使用這些動物製成的肉類與乳製品中，能檢出 20 多種激素、化學物質與抗生素。不是說肉類或乳製品本身不好。只是隨著飼養環境不同，產品可能含有我們想像不到的成分。我們應減少肉類與乳製品的攝取，並警慎挑選優質的肉類製品與乳製品。選擇由放牧、吃牧草長大的牲畜所產的肉類與乳製品為佳。

■ **攝取膳食纖維**　膳食纖維可以在腸道中與雌激素結合，並將它排出人體外。若不方便遵循其它的措施，至少攝取充分的蔬菜水果，幫助從體內排出最大量的雌激素。

好像缺糖了，得吃點什麼
胰島素：分泌太多會變成易胖體質！

攝取糖分就會分泌的激素－胰島素

當血糖下降，你的腦子就會卡住、無法專心嗎？每當出現缺糖的感覺，就從甜食中補充糖分，就代表你踏上了前往肥胖的路。

攝取食物時，食物中的碳水化合物會在腸道中被分解成葡萄糖的型態，並進入至血液中。我們稱血液中的葡萄糖為血糖。當我們的細胞需要能量時，血液中的葡萄糖就會進到細胞內。細胞獲得能量後，血糖值就會降低以維持在適當範圍中。把葡萄糖從血液轉移到細胞的激素就是胰島素。

碳水化合物的儲存過程

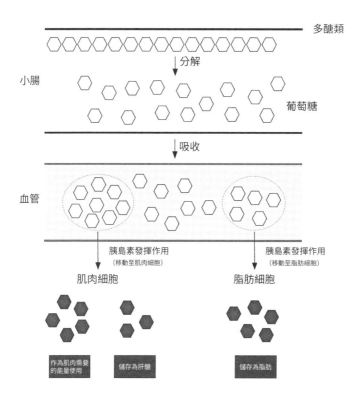

胰島素會把血液裡的糖，轉移到大腦、肝臟、肌肉和脂肪細胞中，以降低血糖濃度。胰島素對於提供細胞所需的能量是必需的激素，問題就出在當能量攝取過多的時候。我們應該把血糖維持在不過高也不過低的穩定範圍內。我們體內的細胞也無法接收過多的葡萄糖。肝臟與肌肉會接收葡萄糖後，將其儲存成糖原型態。然而，當葡萄糖超過需求量和儲存容量時，這些多餘的葡萄糖會停留在血液中，最終進入到

脂肪細胞。進入脂肪細胞的葡萄糖會轉換為體脂肪型態儲存起來。

胰島素訊號是一種單向訊號。當胰島素分泌時，脂肪細胞只能吸收能量，無法釋放出能量。每當覺得糖分不足時，如果通過補充糖分來促使胰島素分泌，這樣會使我們的身體無法從脂肪細胞中釋放儲存的能量。

我們的身體本來應該視情況將碳水化合物、蛋白質、脂肪都當作能量來使用。會優先使用碳水化合物，如果還需要多一點能量，就會放出儲存在脂肪細胞中的能量使用。這是我們身體之所以會儲存體脂肪的最大目的。然而，當攝取糖分越多時，將體脂肪作為能量使用的代謝能力就會逐漸下降。這是因為攝取糖分時分泌的胰島素激素，不斷把能量塞進脂肪細胞。

忍受不了缺糖的感覺？可能是依賴碳水化合物代謝！

只要一感覺到血糖有點低，就立即用食物補充，這就會因為攝取太多糖，造胰島素不斷大量分泌。這麼一來，堆積成山的體脂肪就無法變成能量被釋放出去，結果只要一小段時間不吃東西，就會覺得血糖低，導致腦子動不了和感覺疲憊。相反地，如果我們的新陳代謝狀態正常，可同時利用碳水化合物和脂肪作為能量來源，即使偶爾覺得有點血糖下降，也很快就能恢復。這是因為脂肪細胞的脂肪被分解並轉換成能量。

當我們一覺得血糖低時，馬上攝取糖分會讓血糖迅速上升，產生頭腦正常運轉的感覺。然而，像這樣頻繁攝取更多的糖，會讓自己變成易胖體質。這是因為攝取糖份時分泌的胰島素，會促使脂肪細胞吸收能量。吃越多甜食，我們身體就會喪失代謝的能力，無法從體脂肪中提取能量。這麼一來，當身體需要能量時，體脂肪也無法釋放出能量。我們必須理解一件事，無論吃下的糖果再怎麼小，糖分都會引發胰島素分泌，就可能逐漸變成易胖體質。

若難以忍受缺糖的感覺，就證明你的身體只依賴著碳水化合物代謝。處在這個狀態下，再怎麼減肥，也會因為胰島素的作用，讓體脂肪如同上鎖一般無法消耗，反而只有消耗肌肉。不論你再怎麼減少食量，只要吃下的食物中含有大量的糖分，體重依然難以下降。

想想看，因為吃得少造成全身無力，還餓到快死掉，但體脂肪依然原地踏步，這是多麼沒效率的一件事！

胰島素阻抗

人體持續分泌大量胰島素時，會產生胰島素阻抗，這會帶來更嚴重的問題。高濃度的胰島素會命令細胞「因為我要降低血糖，快把葡萄糖拉進細胞裡！」。最初發生這種情況時，血糖會變得太高而分泌過量的胰島素，但當血糖降低太多時，人就會變得疲倦和想睡覺。如果這類情形反覆發生的

話，細胞就會開始抵抗胰島素的命令。站在細胞的立場來看，它能接收的葡萄糖量有限，如果胰島素一直命令它要接收更大量的糖，最終細胞就會選擇無視這些命令。這就像聽太多嘮叨的時候，會對大部分嘮叨不為所動的情況相同。這麼一來，為了處理相同量的葡萄糖，身體就會要求更多胰島素。由於胰島素阻抗會導致細胞無法充分獲得足夠能量，身體就會持續感到飢餓。

如果出現胰島素阻抗時，我們的身體會逐漸忘記如何從體脂中提取能量來用的方法。人會進入攝取相同的食量，卻更容易變胖；只要稍微有點餓也無法忍受。如果胰島素阻抗狀態持續下去，可能導致糖尿病，也會產生高血脂症和高血壓等代謝症候群的風險。近期研究指出，胰島素抗性會增加罹患失智症的風險。尤其，因為腦細胞是種以葡萄糖為主要能量來源的細胞，若產生胰島素阻抗，會導致葡萄糖無法有效進入腦細胞。

| 洧周醫師的 Q&A |

正常的血糖數值是多少呢？

健康檢查的時候，我們會抽血檢驗空腹時的血糖，來判斷是否有糖尿病。空腹血糖指的是維持空腹至少8小時狀態下測定的血糖，在100mg/dL以下為正常數值。然而，進食時血糖如何變化比空腹時的血糖是否正常還重要。一個健康的人就算餐後血糖上升，血糖都應該在2小時內降到140mg/dL以下。而且在2～3小時以內，應該就要重新回到餐前的水準。餐前與餐後的血糖差異不應超出20～60mg/dL的範圍。

防止胰島素過度分泌的方法

1 確認食物的 GI 指數與 GL 指數 GI 指數（升糖指數，glycemic index）是指食用 100 克純葡萄糖後的血糖上升速度為 100 作為基準時，食用某一食物中 100 克碳水化合物後血糖上升的速度。GI 指數超過 70 屬於高 GI，低於 55 則屬於低GI。高 GI 的食物有米、麵包、玉米片、炸薯條等。低 GI 的食物有生菜、花椰菜、蘆筍、番茄、小黃瓜等蔬菜及堅果類。

糙米飯的 GI 指數低於白米飯，攝取與白飯份量相同的糙米飯時，血糖上升的速度也較為緩慢。同樣都是白米飯，即食快煮飯因為經過預先處理以縮短烹煮時間，這個過程中會破壞或去除膳食纖維，從而更快地提高血糖。

GL 指數（升糖負荷，glycemic load）是比 GI 指數更進階的概念。GI 指數的標準是 100g，但其實每種食物的單次攝取量都不一樣。GL 指數的計算方式為「GI 指數 x 一份食物包含的碳水化合物」。舉例來說，透過西瓜攝取碳水化合物 100g 時，血糖升得非常高，但其實一片西瓜裡含有的碳水化合物總量非常地低。所以雖然西瓜的 GI 指數很高，但它的 GL 指數很低。反之，雖然義大利麵的 GI 指數低於西瓜，但一份義大利麵中含有大量的碳水化合物，GL 指數就高得多。

需要注意的是，GI 與 GL 指數並不是絕對，它們會隨著食物的烹調方式與搭配的食物種類而改變。我們沒辦法在攝取食物時計較所有食物的 GI 和 GL 指數。每個人分泌激素或

酵素的遺傳學差異，以及腸道的微生物分佈，都會影響實際上血糖上升的程度。

GI 和 GL 指數拿來參考用就好。你只要記得越是碳水化合物含量高的食物，尤其是精製和加工過的食物，越容易讓血糖升高就可以了。大部分綠色蔬菜的 GI 與 GL 指數都很低，推薦頻繁且充分攝取。

2 雖然是吃一樣的東西，但怎麼吃更重要　如果能細嚼慢嚥，就能提供更多讓胰島素穩定工作的機會。這相當於提前通知身體，葡萄糖即將被吸收至血液中，並指示胰島素先準備把葡萄糖運送到細胞內。

當在先分泌出胰島素的狀態下，葡萄糖被血液吸收，這時胰島素就能有效地把葡萄糖移動至細胞中，使血糖緩慢上升。

3 覺得缺糖的時候，別吃甜食來吃點別的　如果突然要人不吃甜食而盲目忍耐的話，很有機會又會失敗。這時，不妨用脂肪多的食物來代替甜食，例如無糖的椰子脆片。這些食物既有脆口的咀嚼感，還含有許多對身體有益的脂肪。堅果類或熱茶也很有幫助穩定血糖。

覺得缺糖的時候，就是燃燒儲存體脂肪的最佳時機。不應該因為攝取糖分而錯過這個寶貴的機會。

4 餐後一小時內散步 15 分鐘以上　我們不需要透過激烈運動，只要走路就能增加進入細胞的葡萄糖量，有效防止血糖的上升。養成餐後一小時內散步 15 分鐘以上的習慣吧。

另外，透過運動增加肌肉也是個好方法。當肌肉量增加時，肌肉能夠吸收更多的葡萄糖，便能阻止葡萄糖在脂肪細胞中被合成為脂肪。

5　即時確認變動的血糖數值　每個人血糖上升的速度，都會隨著吃了什麼、怎麼吃而有所不同。這是因為每個人分泌的激素有所差異，影響食物消化吸收的腸道內細菌也都不同。

有種名叫「Libre」的機器，能測量即時的血糖變化，只要安裝在手臂後方，就會在接下來的兩週內即時測定血糖變化。不需要進行血液採樣，無需刺破皮膚來取血。只要把手機靠在貼在手臂後的裝置，就能測定血糖。我們可以親眼確認二週內，血糖是怎麼隨著飲食而變動，以及血糖變化與身體狀況之間的關聯。這將對尋找能減少胰島素分泌的專屬飲食方法，有很大的幫助。

費盡心思減重，反而更想吃了？
瘦體素：守護體脂肪量的激素

負責維持恆定性的大腦下視丘

有句話說，陳年脂肪最難減。這並不是單純因為這些脂肪存在已久，而是因為變胖的狀態已經變成身體「正常標準」。在這種情況下，即使透過運動跟飲食認真減肥，也會產生驚人的作用，就是自動恢復到原始肥胖狀態。

就像水分不足時，我們會感到無比口渴一樣，身體在體重減少時，也會產生極其強烈的食慾。這是因為大腦想回到它認為是「正常標準」的體重。這也就是為何半夜被餓醒後，若不吃下一大碗拌飯或煮泡麵來吃，就無法重新入睡的原因。

大腦的下視丘是負責體內恆定（homeostasis）的區域。恆定性指的是我們的身體試圖維持體內環境在一定範圍內的特性，最有代表性的為體溫。如果我們的身體正常作用，體溫應該維持在 36.5 度，大腦會竭盡全力來維持這個溫度。身

體的水分平衡也由下視丘調節。突然一天喝下三公升的水，就會一直跑廁所，尿也會變得跟水一樣清澈。

這是因為我們的腦部全年無休，即時感知並指揮著身體和調節身體，讓身體不脫離固定範圍，維持恆定性。

其實體脂肪跟生存有直接關係

如同它會調節體溫跟含水量，下視丘也會調節體脂肪量，使其落在一定範圍內。雖然我們把體脂肪視為無論如何都要消滅的頭痛人物，但其實體脂肪是非常重要的身體器官之一。

體脂肪在免疫和代謝的調節中，發揮著分泌激素的內分泌器官的作用，同時還擔任保溫、儲藏能量的角色。如果沒有體脂肪，當我們只要無法攝取食物的情況下將很快餓死。就像體溫不能太高也不能太低、水分不能太多也不能太少一樣，體脂肪也要視不同的狀況適量存在。若與生存直接相關的體脂肪隨便上上下下，我們生存的機會也會受到影響。

下視丘調節體脂肪量的構造

1 計算最有利生存的體脂肪量　就像前面提到的，大腦會判斷什麼最適合生存，並設定一個標準作為體重設定點。身體設定體重設定點時，會考慮很多因素。外部環境及糧食是否充足，為最重要因素。若食物充足，設定較低的體重設

定值會比較有利；而如果食物短缺，則較高的體重設定值會更有利於生存。

2 瘦體素會向大腦報告有多少體脂肪　瘦體素是體脂肪製造出的激素之一，與體脂肪量成正比。傳到大腦的瘦體素量多時，大腦就會判斷體脂肪充足；反之，傳到大腦的瘦體素量少，大腦就會認為體脂肪不足。

　　瘦素的分泌量不會因為一餐過量進食而立即增加，而是根據數天至數週內的體脂肪量來決定。若好幾天內吃下比平時還多的食物，導致體脂肪增加，體內瘦體素的濃度也就會提高，大腦的下視丘就接獲報告，透過瘦體素濃度得知體內體脂肪增加。

3 視瘦體素濃度調節食慾與能量分配　下視丘會根據瘦體素濃度，決定要如何調節食慾及如何行動，並透過提高或降低代謝率，決定如何分配和使用能量。瘦體素濃度高的時候，就代表體脂肪多，身體能使用的能量充分，就會降低食慾，不再讓人對食物產生興趣。同時，基礎代謝率也一起提升，讓身體會使用滿滿的能量，做一些有助於生存的其它活動。例如，野生動物會出動尋找交配對象。甲狀腺激素的分泌量與肌肉的能量消耗量，也會隨著瘦體素的濃度改變。由於不需要節省能量，新陳代謝變得更加活躍，身體充滿活力，總是想要不斷地活動。

利用瘦體素的影響，把連假時增加的體重減回來的過程

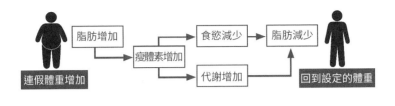

減肥減掉的體重，受瘦體素影響再度增加的過程

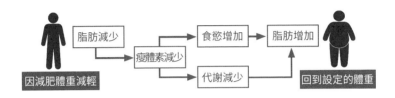

　　若瘦體素減少，大腦就會判斷體脂肪不足，並命令身體增加體脂肪。這會導致基礎代謝率減少，身體會節省能量使用，讓食慾變高，迫使我們無論如何都要吃來滿足需求。大腦透過這個系統，把體脂肪維持在一定的範圍內，讓我們不脫離體重的設定點。

天生的體重調節系統故障的原因

　　那麼，有了這種調節系統，為什麼還是有人的體脂肪會無限增加，變得肥胖呢？大致上有三個原因。

1 瘦體素的錯誤報告　　如果瘦體素在體脂肪已經非常多的情況下，還向大腦報告「現在體內沒有體脂肪」，大腦就會收到錯的訊息，命令身體多增加體脂肪。事實上，無論身上有多少體脂肪，大腦只要接獲體脂肪不夠的報告，就會下達命令增加體脂肪。這種錯誤報告的源頭就是瘦體素阻抗。

2 提高體重設定點的食物　　我們吃的某些特定食物成份，會逐漸提高體重設定點。例如，當感冒時，下視丘設定的適當體溫是 40 度，那我們在 39 度的高燒下仍會感到寒冷。同樣的，下視丘如果設定我們身體所需的體脂肪量在 50 公斤，就算我們實際有 30 公斤的體脂肪，大腦還是會認定過瘦，降低基礎代謝率並提高食慾。為了有效減肥，我們應該避免攝取會提高體重設定值的食物，例如，砂糖、麵粉、過量的碳水化合物、劣質脂肪和加工食品等。

3 盲目減少食量　　當身體吃得少的時候，大腦就會自動判斷大饑荒即將到來，食物獲取困難。為了維持生存，體內應該儲存更多脂肪，最終體重設定點也會提高。這樣一來，我們的身體就會盡量節省使用能量，並儲存多餘的所有能量。這是為了創造能挺過飢荒、能量效率高的身體。這種狀態被稱為節能型的新陳代謝狀態。進入節能型新陳代謝狀態時，連我們體內的遺傳因子也會改變。如果用吃得過少的方法來減肥，就會變成易胖體質 *。

---

* 關於應該充分吃下哪種營養成分組合，已在第五章的早餐、午餐、晚餐吃法詳細說明。

造成瘦體素阻抗的胰島素

　　瘦體素抗性，指的是在瘦體素多的時候還是無法正常作用的狀態。為什麼會發生這種事？這種情況有許多不同的原因，最具代表性的原因就是，有個反派角色會阻止瘦體素向大腦上報體脂肪不足的消息。那個反派角色就是胰島素。大腦就像公司的老闆，會接收員工的報告。但是，這位老闆只想聽瘦體素或胰島素其中一位員工的報告。無論瘦體素濃度有多高，在胰島素濃度也高的狀態下，瘦體素就會被胰島素擠下去，沒辦法上達大腦。

　　假設你幾天內吃得很多，體內脂肪量增加了。這時你決定「不能再這樣下去了！今天真的要吃少少的就好」，我們可能會像這樣下定決心，計畫午餐只吃一小塊起司蛋糕，並跳過晚餐。但這是個注定會失敗的計畫。這是因為一小塊起司蛋糕中的砂糖與麵粉含量高，使胰島素大量分泌。如果下視丘正常接收瘦體素的報告，就能順利降低食慾並增加活動量。但就是因為起司蛋糕使胰島素分泌過量，讓這一切都不可能發生。因此，只要一到晚餐時間，就會覺得超級餓，跟只吃午餐、跳過晚餐計畫背道而馳。

　　不只變胖，還一直覺得餓、一直想吃東西，我們通常會無視這類稀奇的狀況，想著「一定是吃太多讓胃變大了」。其實胃並沒有變大，只是因為我們吃下了讓身體分泌大量胰島素的食物，阻斷了瘦體素而已。如果我們午餐時，用由少

量米飯跟大量蔬菜組成的拌飯，代替那塊起司蛋糕，那胰島素分泌就會明顯減少，瘦體素也不會被阻擋。只要瘦體素能正常向大腦報告，下視丘的命令就能好好作用，使食慾降低及增加基礎代謝率。

胰島素不僅促使脂肪細胞吸收葡萄糖並合成脂肪，還會對瘦體素阻抗造成影響，並用各種方法增加體重。我們要是不留意那些促進胰島素大量分泌的食物，那減肥就難以成功。

造成瘦體素阻抗的另一個反派角色：炎症

除了胰島素，還有另一個反派角色，會導致瘦體素阻抗。那就是我們體內出現的炎症反應。炎症因免疫細胞分泌的炎症物質產生。當身體有細菌或病毒入侵、受到感染，或是出現有問題的細胞時，它就會擔任修復的角色。

但是如果炎症物質過多，原本沒問題的地方也會一起出現炎症反應。這麼一來，炎症指數升高，全身的血管、關節處出現炎症，人體的狀態變差，身體這裡那裡痛。當下視丘出現炎症反應，就更接收不到瘦體素的報告。瘦體素訊號被切斷時，就會產生瘦體素阻抗。

砂糖、麵粉等精緻碳水化合物中含有大量的炎症物質。攝取人體必需脂肪的 Omega-3 脂肪酸與 Omega-6 脂肪酸比例失衡的食物時，就會大量分泌炎症物質。被最佳化成最適合刺激炎症物質分泌的加工食品更是。加工食品中含有大

量的砂糖與麵粉，為了延長保存期限，會使用不容易氧化的油（如棕櫚油、大豆油），這種油的 Omega-3 脂肪酸與 Omega-6 脂肪酸的比例非常不平衡。這就是為什麼在食品的熱量相同的情況下，我們還是應該攝取更多天然食品。

而且，令人困擾的是，脂肪細胞也可能促進炎症物質分泌。變胖時，體脂肪細胞最多會膨脹六倍。當脂肪細胞膨脹超過正常大小，我們的身體就會判斷該細胞出了問題，並分泌炎症物質。若脂肪細胞中出現炎症反應，全身的炎症指數就會提高。尤其是內臟脂肪 *，會分泌比皮下脂肪更多的炎症物質。炎症指數只要升高，傳送到下視丘的瘦體素訊號就會被截斷，導致瘦素功能受阻，進而引發更多的脂肪積累，形成惡性循環。

---

* 皮下脂肪位於皮膚下方，覆蓋全身。我們能在肚子、屁股、大腿、手臂等地方親眼看到它們的存在。相反地，內臟脂肪堆積在腹部內小腸及大腸等各種內臟器官周圍。內臟脂肪的堆積會增加代謝症候群和心血管疾病的風險。

幸好瘦體素阻抗是可逆的，還可以恢復正常。在一項實驗中，吃下大量砂糖、麵粉與脂肪的老鼠，牠們胰島素濃度與炎症數值上升，產生瘦體素阻抗，體重因此增加；但當提

供正常的食物後，其胰島素與炎症數值便恢復穩定，瘦體素阻抗也消失，體重回到正常範圍。

瘦體素阻抗的原理

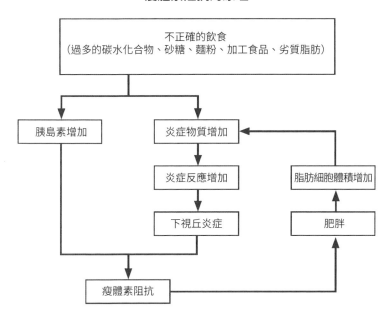

重要的是體重設定點

若想成功減肥，就應該讓瘦體素發揮功能，降低體重設定點，不進入節能型的新陳代謝狀態。體重設定點是大腦為了健康，無意識以個人遺傳因子、現處環境和過往經歷為基

礎計算的結果。如果在制定飲食和運動計劃時未考慮到這些因素，體重減輕期間容易遇到停滯期，並且一旦停止減肥，駭人的復胖現象就會找上門。

　　但我們還是會想在短時間內，使體重顯著下降。如果實際身體狀態，跟大腦設定好適當的體重設定點相距太遠，身體就會極度激烈地抵抗。這樣一來，無論使出任何招數，例如意志力、努力、毅力或是賦予動機，都戰勝不了。

不可能用一個月減掉累積兩年的體重

　　如果你希望減輕體重，考慮到你體重增加的過程需要多長時間是很重要的。覺得突然變胖的人，其實大多都是經過短則幾個月，長則幾年的時間，在無意識的情況下緩慢變胖。也沒覺得哪裡變了，也沒做錯什麼事，但回過神來才發現自己胖了。

　　其實減肥的過程也差不多。體重的減少通常是逐步進行的，因為體重設定值需要時間來逐漸調整。這是因為我們的體重設定點，會在穩定接收身體發出的訊號後被重新設定，不可能馬上改變體重設定點。如果訂定不可能達成的目標，想在一個月內把花兩年增胖的 10 公斤減掉，一定會導致失敗，並經歷復胖現象。

　　若想成功減肥，就算慢了點，也應選擇能降低體重設定點的方法。不能只單純吃少、增加活動量，應該要改變發生

在體內，並傳送到大腦的訊號。

錯誤的減肥法 v.s. 正確的減肥法

種類	錯誤的減肥法	正確的減肥法
食慾	增加	正常
空虛感	增加	正常
飽足感	減少	正常
新陳代謝	減少	增加
老化	加速	減緩
疲勞程度	增加	減少
心情	不悅	愉悅
生活品質	下降	提升
復胖現象	發生	無
長期結果	體重比減肥前更重 變成易胖體質	體重設定點改變 維持減掉的體重

第五章

不讓情緒
影響食慾
的飲食方式
與吃法

絕對別讓身體進入飢餓狀態

正確了解碳水化合物、蛋白質、脂肪的用途

若想正確減肥，不能吃得太多，也不能吃得太少。我們來看看應該怎麼吃和吃什麼。

我們身體會把碳水化合物、脂肪、蛋白質等營養素當作能量來源使用。其中，我們應該主要攝取什麼呢？我們在前面章節有說明過原理，攝取碳水化合物，就會分泌胰島素，而能量就會儲存成體脂肪。因此，限制碳水化合物攝取量是正確的。

那麼，應該吃多少碳水化合物才是適當的呢？減少碳水化合物攝取後，應該吃些什麼來代替呢？要知道這些，就應該了解碳水化合物、脂肪、蛋白質在我們的體內是怎麼被使用的。

有意義的能量源－碳水化合物

　　碳水化合物被當作能量使用。我們體內的細胞透過代謝葡萄糖產生能量。尤其是大腦，主要使用葡萄糖作為能量來源。因此，血液中必須始終含有葡萄糖。當我們身體需要能源的時候，攝取碳水化合物會出現以下變化。首先，血糖升高，隨著血液中的葡萄糖進入到細胞裡，導致血糖降低，這時我們就需要胰島素。胰島素擔任把血液中葡萄糖轉移至細胞內的角色。我們透過胰島素供給能量給細胞，讓血糖維持在適當範圍。

　　我們身體的血糖必須保持在一個穩定的範圍內，既不過高也不過低。因此，當我們快速攝取含有大量碳水化合物的食物，使血糖急速升高時，身體就會分泌大量胰島素來降低血糖。當大量胰島素分泌時，血液中的葡萄糖需要進入細胞內，但腦細胞、肌肉細胞、肝臟細胞等能接受葡萄糖的量有限。剩下的葡萄糖便會進入脂肪細胞，以體脂肪型態儲存。在這個機制下，分泌越多胰島素，就會合成更多的脂肪。

　　所以，我們應該多留意碳水化合物的攝取總量與速度，避免身體因血糖急劇升高，而分泌過多的胰島素。首先，我們應該把只由碳水化合物組成的食品攝取量，限制在一定標準之下，如：飯、麵、麵包、年糕等。一餐的碳水化合物總量盡可能不要超過 40 公克。（100 公克白飯的碳水化合物含量為 35 ～ 40 公克）

碳水化合物的種類

單醣類	葡萄糖 (glucose)	生命體的主要能量來源。碳水化合物在消化過程中,大部分會被分解為葡萄糖。
	果糖 (fructose)	強烈的甜味。水果和蜂蜜內富含果糖。
	半乳糖 (galactose)	單醣類中最不甜的。與葡萄糖結合,以乳糖型態存在。
二醣類	麥芽糖 (maltose)	葡萄糖+葡萄糖。水飴、精緻蜂蜜、甜米釀。
	蔗糖 (sucrose, sugar)	葡萄糖+果糖。砂糖、甘蔗、甜菜根。
	乳糖 (lactose)	葡萄糖+半乳糖。牛奶、乳製品、乳汁。
多醣類	澱粉 (Starch)	多個葡萄糖的集合體。在消化過程中被分解為葡萄糖。 米、麵包、馬鈴薯、蕃薯和玉米等碳水化合物食品大部分都是澱粉。
	肝醣 (Glycogen)	葡萄糖在肝臟與肌肉中的儲存型態。需要葡萄糖時,就能馬上分解並使用。
	膳食纖維 (dietary Fiber)	菊糖、纖維素和聚葡萄糖等。為人體無酵素可消化及吸收的碳水化合物總稱。大量存在於水果、蔬菜與菇類中。
添加糖	高果糖玉米糖漿 (high fructose corn syrup)	將玉米發酵後製成,為葡萄糖與果糖的液體混合物。比砂糖更低廉,甜味也更強,常被使用在加工食品中,分解過程比砂糖更短,吸收速度也更快。

如果單純計算熱量,只吃一碗白飯好像就比較不致胖。但是,當我們只攝取碳水化合物,就會使血糖快速升高與分泌胰島素並形成脂肪,更容易讓我們在血糖下降和感到飢餓

時，想吃其它食物。碳水化合物搭配肉跟蔬菜一起吃，反而有助於減肥。

沾醬或是西式醬料中含有過多砂糖。因此，選擇口味較淡的食物而非過於強烈和刺激的食物會更有利於健康。

身體的骨架－蛋白質

蛋白質是構成肌肉、皮膚等身體部位時，不可或缺的營養素。若把身體比喻成一個家，蛋白質就是搭建房子骨架的必要材料。燃燒這珍貴又優質的材料來取暖，就跟把要當樑柱用的木材當成燃料燒掉一樣不合適。由於肌肉與皮膚每天都會逐漸老化，因此每天都要補充相應份量的蛋白質。所以，每天吃點蛋白質是最適當的攝取方法。

如果不是生長期的孩子或是健美選手等，不需要快速增長肌肉，攝取過量的蛋白質反而有害健康。蛋白質會放出許多我們身體處理不了的氮副產物。這些副產物需要以氨的形式通過尿液排出體外。因此，過量攝取蛋白質可能會給腎臟帶來負擔。

而且，過度攝取蛋白質，也可能成為炎症反應與促進老化的元兇。東京工科大學的細胞生物學者大隅良典教授，因揭開細胞的自噬機制而獲得諾貝爾生物學獎。細胞自噬如同其字面上的意思，就是吃掉自己，是指吃掉細胞內老舊又沒用的蛋白質，作為新的材料使用。我們的身體透過自噬舊換

新進行淨化。活化細胞自噬的方法中，有一個就是限制蛋白質攝取。供給過多的蛋白質時，身體就無需再利用老舊蛋白質。因為就算把老舊和有缺陷的蛋白質放著不管，也會有新蛋白質供給。這樣一來，炎症反應與老化就會加速。

蛋白質能維持長時間飽足感，並且比起碳水化合物，它對胰島素分泌的刺激也較少。這也是為什麼多吃蛋白質對減肥很有幫助，但是我們沒有必要過量攝取。成人男性一天適當的蛋白質攝取量約為 60 公克，成人女性約為 50 公克。這大概等於一個手掌大的肉類、魚類或豆腐。請務必記住，吃下超過建議攝取量的蛋白質，不只無助減肥，對整體健康可能反而有害。

已經站穩討厭鬼地位的脂肪

脂肪在許多意料之外的地方，被用作我們身體組成的材料。大腦內有約 40% 的成分是脂肪和膽固醇。腦細胞表面包裹著絕緣體，以利在細胞間更快地傳遞電波訊號，而組成這絕緣體的就是脂肪。

人體所有細胞的細胞膜都是由脂肪成分組成。我們的身體約由 50 兆個細胞構成。要製造出這麼多細胞膜，就必須使用極大量的脂肪。攝取優質的脂肪，對打造健康又結實的身體非常重要。

用碳水化合物代替脂肪獲取熱量的話，會怎樣？

脂肪是每公克就能產出 9 大卡熱量的高效燃料。它能比碳水化合物及蛋白質產出更多能量。也因此，我們會認為脂肪更容易導致身體肥胖。

然而，事實上要吃脂肪才能成功減肥。若不吃脂肪，只透過碳水化合物攝取熱量，就會大量分泌胰島素。胰島素作為一種儲存激素，在分泌時，能量只會流入脂肪細胞，而不會取出能量使用。而且，若處於身體只把碳水化合物作為燃料使用的激素狀態，就無法透過燃燒體脂肪獲取能量，只要不供給碳水化合物，就會馬上感到飢餓。只有攝取脂肪並進行脂肪代謝，才能有效燃燒體脂肪。

攝取很多脂肪，不代表就一定會合成體脂肪。吃下碳水化合物時分泌的胰島素，是體脂肪合成的原因。分泌胰島素時，能量就只會從血液進入到細胞。若不吃碳水化合物，不分泌胰島素，能量就不會進入脂肪細胞儲存。讓你變胖的主犯其實是碳水化合物，脂肪它只是共犯而已。沒有主犯，共犯自己也不會為非作歹。

人體必須攝取好脂肪的理由

脂肪的種類百百種。隨著碳與氧結合的種類不同，可將脂肪分為飽和脂肪、單一不飽和脂肪、多不飽和脂肪、反式

脂肪等。各個脂肪的特性都不同，有些脂肪十分有益，有些則十分有害。

其中我們需要留意的是多不飽和脂肪。多不飽和脂肪包含人體必需的脂肪酸 Omega-3 脂肪酸，以及 Omega-6 脂肪酸。為什麼會說它是必需的脂肪酸呢？因為我們人體並不會合成這些脂肪酸，必須透過攝取食物才能得到供給。

Omega-3 脂肪酸與 Omega-6 脂肪酸組成我們身體的細胞膜。Omega-3 脂肪酸的末端圓圓的，而且很活潑，Omega-6 脂肪酸比較僵硬與安靜。因為人體合成不了，所以飲食中含有的 Omega-3 脂肪酸與 Omega-6 脂肪酸比例，會直接反映在人體的細胞膜上。因此，細胞膜的特性，也會隨著我們攝取的脂肪酸種類和數量而改變。

若活潑的 Omega-3 脂肪酸增加時，細胞膜就會變得有彈性。細胞對外部訊號的反應較敏感，對胰島素和瘦體素等激素的接受度也變高。相反的，當 Omega-6 脂肪酸增加，細胞膜就會變得僵硬，對激素的接受度也降低。Omega-6 還會促進炎症反應，所以如果 Omega-6 脂肪酸的比例過高，可能會產生慢性炎症的情況。

這就是為什麼我們要為了健康與減重，攝取優質的脂肪。Omgea3 脂肪酸由植物的葉綠體製造，蔬菜中含有豐富的 Omega-3。吃草長大的牛肉 * 與吃海藻類長大的魚類中含有豐富的 Omega-3 脂肪酸。Omega-3 脂肪酸與 Omega-6 脂肪酸的適當攝取比例為 1:4，但目前我們的攝取比例往往是

1:20，攝取過量 Omega-6 脂肪酸的傾向。這種情況於 1980 年代後尤其變得嚴重，因為我們對飽含 Omega-6 脂肪酸的植物性油脂的攝取增加。

雖然透過健康食品攝取 Omega-3 有助於身體健康，但畢竟攝取比例還是很重要，所以我們應該優先降低 Omega-6 的攝取。像葡萄籽油、大豆油和葵花油等各種植物性油脂時，會因為字面上的「植物性」名稱，而錯認它是有益身體健康的油。稱飽和脂肪為心臟疾患成蔭的錯誤理論，讓植物性油脂受到矚目。1977 年《麥戈文報告（McGovern Report）》建議，應該攝取更多植物性脂肪，而非攝取含有較多飽和脂肪的動物性脂肪。從這時開始，植物性油脂的使用量，因宣導「植物性油脂對身體有益且安全」的行銷手段而暴增。然而，植物性油脂製造時，使用了核酸、磷酸鹽、漂白劑等化學物質，與石油生產的流程相同，並包含許多不能吃的物質與 Omega-6 脂肪酸。

---

* 草飼牛肉（grass-fed Beef），如字面上所述，草飼牛肉的牛隻吃的是牧草，而非以玉米或豆類製成的飼料。草飼牛肉含有的 Omega-3 脂肪酸，最多可以比穀飼牛肉高出六倍。

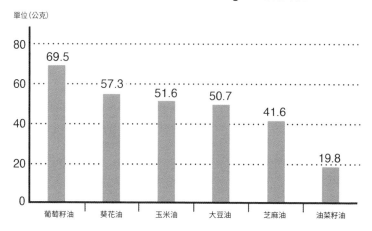

每100公克植物性油脂的 Omega 6 脂肪含量*

單位(公克)

葡萄籽油 69.5
葵花油 57.3
玉米油 51.6
大豆油 50.7
芝麻油 41.6
油菜籽油 19.8

　　反式脂肪由氫化（即固體化）的植物性油脂製成，以代替固態的飽和脂肪，而它的危害也很顯著。我們身體無法分解人工合成的化合物，導致血液中脂肪數值升高，誘發心臟病與猝死。植物性脂肪與反式脂肪因價格低廉，常用於速食、加工食品與炸物中。請記住，經常食用這類食物，可能會攝取過多的劣質脂肪。

---

* 來源：韓國農村振興廳國家標準食品成分表 第 10 修正版。

　　飽和脂肪曾遭指控為心臟疾病元兇。隨著相關研究持續進行，其無關心臟疾病，反而有益健康的事實也漸漸廣為人知。

　　我們必須從新鮮且接近大自然的食物中攝取優質脂肪。

建議每天從橄欖油、酪梨、堅果類、海鮮與肉類中攝取約 90
公克的脂肪為佳。

別忘了膳食纖維

　　膳食纖維是我們可以攝取的優質成分之一。膳食纖維無
法被人體的消化酵素分解，是一種高分子碳水化合物。膳食
纖維最著名的效果就是預防便秘。無法被消化的膳食纖維，
能增加糞便的體積，並加快糞便通過腸道的速度。

　　膳食纖維的效果可不只有這一個。雖然人類無法消化膳
食纖維，但我們腸道內的細菌就能將其分解；膳食纖維的攝
取量和種類會影響腸道微生物群的組成。

　　你有聽過「肥菌」跟「瘦菌」嗎？就算我們吃的食物相同，
但當腸道內住著不同的微生物，我們消化與吸收食物的程度
也都不同。攝取大量的膳食纖維，就能增加腸道內的瘦菌。
腸道內微生物也會影響我們全身的免疫能力。另外，因膳食
纖維具有吸附性，也能有效降低鈉與糖的吸收速度，並能有
效地將劣質脂肪、膽汁酸、BPA 等化學物質排出體外。

　　膳食纖維還包括菊糖、聚葡萄糖、果膠、海藻酸、纖維素、
木質素和幾丁質，這些物質各自都有不同作用。若想多元攝
取膳食纖維，就必須均衡攝取新鮮蔬果、藻類、菇類、燕麥、
豆類等食物。這類食物不只能提供飽足感，還能以各種方式
幫助我們維持健康與減肥。

沒有可以100%信任的食物

I can't believe it's not butter

　　在國小時，我們家週末早晨總是會吃麵包配上奶油、起司、炒蛋和沙拉。某天，媽媽買了被裝在黃色大桶子裡的乳瑪琳。她說，之後都要吃乳瑪琳這種代替奶油，但卻不是奶油的食品。"I can't believe it's not butter（我不相信這不是奶油）"。

　　這是因為有研究結果指出，動物性脂肪富含的飽和脂肪，會提高罹患心臟疾病的風險。自那以後，我們家對奶油的看法變得非常負面。我們放心地大吃乳瑪琳這種既為植物性脂肪，又能與奶油散發出幾乎完全相同的香味的食品。乳瑪琳是一種透過氫化過程，將植物性油脂製成固體的食品。與只能從牛奶中少量獲得的奶油不同，乳瑪琳可被大量製造，最初是被用作軍隊補給品或窮人的食品。像這樣曾被認為是廉價食物的乳瑪琳，僅因為植物性脂肪這個原因，就被奉為健

康食品。

從那之後的幾年間，我們家就以 "I can't believe it's not butter" 的乳瑪琳代替奶油。然而，隨著新的研究發現了反式脂肪的存在，這些人造奶油中的反式脂肪被證明是對健康最有害的。研究指出，只要增加 2% 的反式脂肪攝取，心臟疾病的發生危險就會增加 28%，糖尿病發生率甚至會增加 39%。「不可以吃含有大量反式脂肪的爆米花」、「哪些餅乾含有特別多的反式脂肪」，反式脂肪成為話題重心，食品營養資訊欄也開始標示起了反式脂肪含量。

「乳瑪琳」成為反式脂肪的代表性食品 "I can't believe it's not butter" 立刻從我家退場。這段期間，說它是能替代奶油的健康食品，你現在才跟我說它有害健康？真的感覺從背後被狠狠捅了一刀。

食品產業涉及了複雜的全球性利益

近期，關於健康和減肥食物的資訊非常多。乍聽之下好像都沒錯。有人說舊石器時代，人類主要以肉類為食，應該以肉食為主；又有人說，吃肉會提高罹患心臟疾病與癌症的風險；有人說吃水果有益身體健康，卻也有人說因為水果有果糖會帶來健康問題。有人讚揚牛奶，說它是完美食物；另一方卻說牛奶是給小牛喝的，人類消化不了，還可能會引發過敏等免疫問題。

這種對立的意見共存的原因在於食品產業的商業化。食品的問題涉及複雜的利益關係。如果說牛奶對人體有害，酪農業界的警鈴就會大響。這麼一來，他們就會翻遍全世界，找出因為喝牛奶而長壽的族群。如果有人說砂糖對人體有害，糖業協會絕對不會放過他。他們為了獲得「砂糖不是問題，問題出在脂肪」的研究結果，投入了大筆研究資金。

尤其於 1960 年代，美國心臟病的死亡率增加，對於砂糖與脂肪中，哪個會引發心臟疾病的爭辯熱烈地進行著。1968年，糖業協會贊助了探究砂糖與心臟健康相關程度的「259研究計畫」。然而，當研究發現，食用糖的老鼠不僅動脈硬化風險增加，還增加了膀胱癌的發病率時，糖業協會便馬上中斷了贊助，並停止研究。一直到五十年後的 2017 年，這件事才被 UCSF（加州大學舊金山校區）研究團隊揭發。這種偏頗的食品相關研究結果，在過去數十年間鞏固了自己「常識」的地位，甚至反映在國家政策上。

世界上有可以100%信任的食物嗎？

海鮮中含有豐富的蛋白質，以及我們人體不可或缺的必需脂肪酸，對人體非常有益。然而，海鮮無法與重金屬污染和塑膠微粒等爭議脫鉤。牛肉、豬肉和雞肉是品質優良的動物性蛋白質供給來源，但若養殖時，被困在狹小的籠子中和食用抗生素，可能產生擾亂人體激素的風險。加工肉類如火

腿和香腸，由於在加工過程中添加了發色劑，被世界衛生組織（WHO）列為一級致癌物。蔬菜水果可能有農藥問題，且在運送過程中可能從黴菌中產生毒素。近期新聞報導指出，巧克力中被驗出鉛與鎘等重金屬。

有些人認為，既然如此，什麼都不能吃，那麼就不必那麼計較，隨便吃什麼都無所謂。然而，重要的是控制攝取的量和頻率。根據世界衛生組織的研究結果，一天攝取 50 公克以上的加工肉品時，大腸癌和直腸癌的發病機率就會增加 18%。這就代表，若將每天的加工肉品攝取量限制在 50 公克以下，就能降低罹患癌症的風險。

在一定時間內累積在體內的有害物質總量，稱為身體負擔（body burden）。有害物質的種類五花八門，從食品中攝取的色素、乳化劑、防腐劑等食品添加物，以及殺蟲劑、鈉、汞、鎘等重金素，以及塑膠微粒都屬於有害物質。這類物質的共通點就是，他們都必須利用肝臟的解毒功能才得以被分解。若超過肝臟解毒功能可以處理的量，就會漸漸累積在體內，引發健康問題。毒素累積不只有害健康，還會影響新陳代謝，使脂肪容易堆積。

但這也不代表所有的食物都需要完全避免，而是應該避免過量攝取以防止身體負擔超標。留意遵守適當的攝取量與頻率，避免超過臨界點是很重要的。所有食物都有優缺點，沒有能任由我們放心大吃的食物。因此，不要盲目相信任何單一食物或來源，而是應該盡可能多樣化地攝取食物。

要小心果糖的原因

打開易胖體質開關的果糖

　　一到秋天，野生動物們就開始忙了起來。牠們四處奔波，為幾乎沒有糧食可言的寒冬，做足了萬全的準備。牠們在秋天盡可能吃下大量的食物，以儲存體脂肪，並降低基礎代謝率與活動量，避免白白浪費能量。驚人的是，動物們的體質會隨著季節變化改變。夏天以不易增胖的體質度過，一到身體需要以財政緊縮狀態營運的冬天，就變成易增胖體質。那是因為動物體內有著可以控制是否變胖的開關。

　　這怎麼可能？這就是秋天時吃的食物帶來的結果。動物在不同季節時吃的食物也不同。在春天時吃新芽，夏天吃綠葉與沒那麼熟的水果，秋天吃熟透的水果；在熟透的水果中，盡量攝取最大量的能量，並將其滿滿儲存在體內，以提高活過冬天的機率。在進化過程中，打造出了由熟透水果中含有

的果糖觸發易胖體質的開關機制。

　　果糖為糖、蜂蜜和水果中含有的一種單醣，在天然碳水化合物中，能產生最大程度的甜味。葡萄糖與果糖兩者皆屬單醣類，雖然熱量相同，但代謝過程卻截然不同。進到體內的葡萄糖，會在所有細胞需要能量時被其吸收和使用。

　　相反的，進到體內的果糖將會轉移至肝細胞，並僅在此代謝。攝取定量（約 5 公克）以上的果糖時，就會在代謝果糖的過程中產生名為單磷酸腺苷（AMP）與尿酸（uric acid）的物質。從這時開始，果糖就會在肝臟細胞中以脂肪的型態儲存，而不是被代謝及用於生產能量。若脂肪漸漸在肝臟細胞中堆積，肝臟就無法正常發揮功能，對胰島素的反應就會變弱，形成胰島素抗性。因此，攝取果糖時，只要攝取量不超過會累積 AMP 與尿酸的量，就不會被儲存為脂肪。我們不可能無條件不吃果糖，如何調整果糖攝取量，並以讓它被慢慢吸收的方式攝取很重要。

　　當體內產生胰島素抗性時，體質就會改變，就算吃下相同的食物，也更容易變胖。這是因為胰島素抗性會導致人體在處理份量相同的血糖時，需要更多的胰島素。胰島素是一種信號，讓葡萄糖被吸收至脂肪細胞內，在胰島素分泌的期間，脂肪細胞就不會釋放能量，只接收能量。簡而言之，產生胰島素抗性後，胰島素分泌越多，脂肪細胞中就會累積越多脂肪；而且胰島素還會誘發瘦體素抗性，提高體重設定點。

加工食品中添加的糖分比水果果糖更可怕

動物們透過攝取果糖，更有效率地儲存體脂肪。牠們利用果糖將身體轉變為易胖體質，做足過冬的準備。冬天幾乎沒有東西吃，等於被強制斷食。當冬天一過去，動物就會變成過冬前的消瘦身軀。在春天到來後，攝取的食物中幾乎不含果糖，這時易胖體質也自然地被終結。

然而，野生動物為了過冬而攝取的果糖，現代人一年四季都會攝取。尤其是以砂糖與液態果糖型態攝取的量非常可觀。砂糖是一種由葡萄糖和果糖結合而成的雙醣。液態果糖中的葡萄糖與果糖並未相結合，以單獨狀態溶解在水中的形式。砂糖與液態果糖由經精煉、濃縮的甘蔗與玉米濃縮液製造而成。砂糖、液態果糖、韓國糖稀、糖漿等統稱為添加糖。加工食品內的添加糖特別多。我們來看看營養資訊中糖類的總量。之所以會把包含在碳水化合物中的糖類，在營養成分表中單獨標示，是因為告知消費者，為了做出食物的甜味，大概添加多少糖類在其中。我們也來確認一下原料名稱中是否包含添加糖。若在依照含量順序排列的原料表中，前三種原料都含有添加糖成分，我們就可以把這個產品想成是一坨葡萄糖與果糖。

根據美國心臟協會（AHA）建議，女性每日的添加糖攝取量宜控制在 25 公克以下，男性則宜控制在 37 公克以下。世界衛生組織建議，應該將蜂蜜、水果果汁等含有的天然糖

與添加糖總攝取量減少至總熱量的 5% 以下。添加糖有多種名稱標示。雖然有時標示的名稱容易讓人誤會其有益身體健康的，但實際上這些都是會使身體變成容易發胖的狀態的添加糖。

可以吃很多非精緻糖嗎？

精緻糖從精煉砂糖原料甘蔗或甜菜汁精煉而來，去除所有礦物質和纖維質等雜質，為只保留最高濃度砂糖的型態。非精緻糖製造時不走精煉過程，包含礦物質與纖維質，比精緻糖還不甜，吸收也較慢。但這並不代表非精緻糖就是「健康的甜味」，可以盡情攝取。雖然非精緻糖有著吸收比精緻糖慢的優點，但它還是充滿了葡萄糖與果糖的砂糖。如果說精緻糖是最糟糕的，非精緻糖就只是比它不糟一點而已。若懷抱著「非精緻糖沒關係」的想法，用20公克的非精緻糖來代替10公克的精緻糖，反而更有害健康。最好的選擇是減少甜味。

馴服食慾的吃法
① 早餐

僅供參考的我的飲食計劃

　　我要來介紹我的早餐、午餐、晚餐菜單。 這個飲食計畫以拍攝 body profile 時吃的菜單為基礎，隨著我現在不做激烈運動和不大量使用肌肉的的狀況調整。不只是適當安排應該吃的食物，也要能隨著彈性調整。當想吃些別的食物的時候，就以這個菜單為基礎稍微調整，但如過變化幅度太大，可能會讓食慾變得不穩定，一週至少要充分實施五天。

　　這個菜單由我可以吃得開心，又可以穩定維持體重設定點的健康食物組成。由於必須吃的食物與想吃的食物一致，因此這樣的飲食不會讓我感到飢餓或壓力。儘管這些食物簡單而平常，但我總是能美味地享用，讓我期待著每天的吃飯時間，幸福地度過每一天。

　　因為每個人喜歡的食物以及身體的反應都不同，我不推

薦直接採用我的菜單。但畢竟它的確有效，希望你能參考這個菜單，來找到適合自己的飲食方式。

早上吃水果帶來的驚人變化

我的早餐是水果。我會選擇 3 ～ 4 個不同種類的當季水果，每種吃一點。我幾年前對水果並不感興趣。無論水果再怎麼香甜好吃，都比冰淇淋來得不甜。我曾覺得要我吃水果，不如吃一球冰淇淋。

水果含有膳食纖維、維生素和礦物質等豐富的營養素與水分。早上吃水果可以確保一天攝取到最低限度的膳食纖維。我本來便秘很嚴重，自從每天早上固定吃水果後，便秘問題就消失無蹤，腹部也變得平坦。不僅如此，水果內含有的膳食纖維，還會成為腸道內微生物的糧食，幫助我保持不容易發胖的體質。

雖然水果的味道比加滿砂糖的加工食品還平淡，但在自然食物中它的甜味卻很強。所以每天早上攝取水果，某種程度上就能滿足對甜味的慾望。不使用添加糖帶出甜味，而是水果自然產生的甜味，會成為當天吃的食物的基準點。美味地吃著富含水分和未經加工的食物，會讓味蕾變單純，要遠離刺激的加工食品就變得簡單。

水果的準備相對簡單，方便在忙碌的早晨食用。若從一大早就要開始烹煮，再怎麼健康、好吃的菜單，都會讓人有

負擔。想改掉早上用一塊麵包簡單果腹的習慣，就要用同樣簡單又好吃的食物代替。如果早餐吃的食物不僅不好吃而且難以準備，就很難抵擋簡單美味的麵包誘惑。

特別是如果早晨食慾不振，而到了晚上卻會變得很饑餓的人，早上吃水果就很有助於改善這種狀況。把用餐的時間往前拉，攝取足夠的營養素，才能預防在深夜突然食慾暴增。將早餐中的水果視為補充必需纖維素的營養劑，而不是用來填飽肚子的食物，這樣的想法有助於改善早餐習慣。

吃水果會變成易胖體質嗎？

透過適量水果攝取的果糖，對人體造成的影響比想像中還微小。水果不止含有果糖，更有豐富的水分與膳食纖維，還充滿維生素成分和各種礦物質，以及名為類黃酮的一種存在於植物中的水溶性物質。這類物質反而會減緩果糖的吸收速度，並影響新陳代謝，進而阻止果糖被合成為脂肪。直接吃整顆的水果有許多好處。不僅能攝取身體需要的微量營養素，還能將果糖的影響最小化，甚至還很好吃。

但是，如果以濃縮果汁、果醬或果乾等型態攝取就不是很好了。不只膳食纖維減緩果糖吸收的效果消失，水分減少使果糖被濃縮，從而產生跟添加糖類似的效果。透過果汁輕鬆攝取有益身體的水果，跟喝糖水沒什麼兩樣。

果糖成分少的水果清單*

果糖含量高的水果 （每份 8 公克以上）	果糖含量中等的水果 （每份 4 ～ 8 公克）	果糖含量低的水果 （每份 4 公克以下）
無花果乾（1 杯） 23 公克 杏桃乾（1 杯） 16 公克 芒果（半顆）16 公克 麝香葡萄／葡萄（1 杯） 12 公克 梨子 12 公克 西瓜（1 片）11 公克 柿子 11 公克 蘋果 9.5 公克	藍莓（1 杯）7.4 公克 香蕉 7 公克 柳丁 6 公克 桃子 6 公克 蓮霧 5 公克 橘子 5 公克 葡萄柚（半顆）4 公克 鳳梨（1 片）4 公克	草莓（1 杯）3.8 公克 櫻桃（11 杯）3.8 公克 楊桃 3.6 公克 黑莓（1 杯）3.5 公克 奇異果 3.4 公克 樹莓（1 杯）3 公克 李子 2.6 公克 杏子 1.3 公克 梅乾 1.2 公克 蔓越莓（1 杯） 0.7 公克

※ 每份為各水果標示的份量或一顆

*Richard.J.Johnson,《Nature Wants Us to Be Fat》, Benbella Books, 2022

　　如果還是擔心會因為水果變胖，只要挑選果糖含量較低的水果即可。奇異果、草莓、李子等水果的果糖少，維生素C 與抗氧化成分類黃酮尤其豐富。

　　攝取水果的時間與方法也很重要。若在餐後攝取水果，就會凸顯水果的缺點。餐後胰島素大量分泌，不建議在這狀態下再吃水果。當身體已經開始消化碳水化合物時，果糖消化與吸收不順，容易合成為脂肪的可能性就提高。空腹時攝取適量水果，就能享受水果帶來的好處。

馴服食慾的吃法
② 午餐

重要的不是食物的總量，而是碳水化合物的量

通常我都會在公司解決午餐。我會吃以韓食為基底的一般食物。這時要注意的只有一個，限制碳水化合物的量！碳水化合物攝取多，就會導致血糖上升，並分泌大量胰島素，這不僅會妨礙減肥；若血糖再次快速降低，就可能會感到相當疲憊和無力。吃太多米飯會在兩個小時後，就有機會面臨嚴重的「飽睏」現象。為了打擊睡意，我就可能會找甜的零食或飲料來提神，但如果吃得又太少，就可能會導致飢餓感增加，身體的能量不足。

關鍵不是食物的總量，而是碳水化合物的量。建議將飯量限制在 100 克左右（即時飯小碗約 130 克），而小菜則可以隨意多吃。我特別喜歡吃烤物，或是燉煮豆腐與菇類小菜。也喜歡吃豆芽菜、菠菜與小蘿蔔辛奇，或是將烤肉或炒肉類

包生菜一起吃也不錯。

不減少食物的總量，只限制飯量至關重要。若吃飽後還感到飢餓或沒有飽足感，食慾就可能會再上升，更想吃其它食物。若下午的「飽睏」症狀嚴重，這個方法能立即見效。只要調整飯與小菜的比例，下午的狀態就會改變，也能在維持到傍晚的飽足感上感受到差異。

一開始可能會不太習慣減少的飯量。從一些需要多咀嚼的食物開始吃，例如，湯裡的蘿蔔、豆芽、乾菜類，或是香菇、綠豆芽、黃豆芽、菠菜等。接下才再吃蛋白質豐富的海鮮、肉類、豆腐、煎蛋等。剛開始進食的前五分鐘左右，先不吃飯以小菜為主，接著再開始吃飯。這麼一來，要減低飯量就不難了。

不過，如果小菜或湯裡，添加了如馬鈴薯、地瓜等澱粉多的根莖類，或是冬粉、麵疙瘩等麵粉製品，就應該再降低飯量，留意使碳水化合物的總量不會攝取太多。

作弊餐盡量中午吃！

就算食物的份量相同，但吃的時間很重要。減肥時，如果想吃點作弊餐，盡量在中午吃為佳。就算在中午吃下很多妨礙減肥的食物，但因下午的活動能消耗大部分能量。午餐吃得豐盛，晚餐飯量就更好控制。晚餐也可以用沙拉作結束，隔天體重增加幅度就會少於 0.5 公斤。

若計畫晚餐會吃得豐盛，則早餐及午餐就會吃得少，那晚上食慾就很容易爆發。晚餐過量進食會使活動代謝量不足以消耗這些熱量，並且因為空腹時間縮短，就可能會影響到睡眠品質。

怎麼吃作弊餐才能少胖一點

想挑選較不易胖的作弊餐，就應該選擇能調整碳水化合物含量的食物。

1. 這道餐點中含有多少能跟飯、麵、年糕、麵包分開的其它食材呢？

2. 這道餐點中加入多少又甜又鹹又辣的醬料呢？

在炸醬麵與炒碼麵中，炒碼麵為佳。我們不太可能只吃炸醬麵的料，其醬料中也加入了大量砂糖。相反地，我們吃炒碼麵可以只吃配料，控制麵的份量。若你在蓋飯與炒飯中苦惱，那我會推薦蓋飯。炒飯平均混合了飯與其它材料，不可能只少量攝取碳水化合物，植物性油脂的含量也很高。反之，吃蓋飯可以吃掉其它食材而只剩飯。吃飯卷或壽司時，可以請店家將飯放少一點，減少碳水化合物的攝取量。

如果無條件吃過少的量，就不會產生飽足感，反而有食慾大爆發的風險。來練習看看怎麼尋找可以吃得豐盛又吃得有飽足感的同時，還能控制攝取碳水化合物的菜單。

馴服食慾的吃法
③ 晚餐

沙拉如果準備的好，也能非常美味且令人滿足

　　我會在晚餐時盡量吃沙拉吃到飽為止。若覺得只吃蔬菜沙拉會讓肚子空虛，那就代表你沒有掌握如何正確製作沙拉。我們必須從沙拉中充分攝取膳食纖維、蛋白質和脂肪。

膳食纖維｜生菜、高麗菜、芝麻葉、苦苣、甘藍、花椰菜、胡蘿蔔、小黃瓜、甜椒、洋蔥、小番茄、菇類等
蛋白質｜雞蛋、雞肉、牛肉、豬肉、鮭魚、鮪魚、蝦子、鷹嘴豆、小扁豆、豆腐、菇類等
脂肪｜特級初榨橄欖油、酪梨、杏仁、夏威夷豆、巴西堅果、核桃等

　　試著找找看最美味又最有飽足感的組合吧！

現今，我們能在沙拉專賣店輕鬆買到多樣化又好吃的沙拉。雖然沙拉醬中可能含有不好的脂肪成份與糖，但不需要太過擔心。因為和蔬菜、膳食纖維一起攝取，可有助於減少吸收干擾減肥的成分。如果還不習慣吃沙拉，最好先體驗一下沙拉的美味和飽足感，而不是過分關注沙拉醬的成分。

在熟悉沙拉後，可以親自製作醬料。若覺得麻煩，則可用橄欖油代替醬料，大概倒跟市售醬料差不多的量就可以。不用太在意橄欖油的熱量。如同前面提到的，必須攝取脂肪才能變成可以代謝脂肪的體質。

如果覺得生食蔬菜對你來說有負擔或有抗拒感，也可以炒來吃或是做成湯。重點是充分攝取膳食纖維、蛋白質和脂肪，直到感受飽足為止，這點非常的重要。

我們很容易在晚餐時間有聚會。如果是減肥初期，應盡量減少聚會，專心吃固定的食物，優先打好基礎。如果出現不可避免的聚會，且無法選擇菜單，就應該努力限制碳水化合物的攝取量。

縮短徬徨路！回頭擁抱原本的飲食計畫

如果持續實踐這種方法，就能穩定食慾，身體的新陳代謝也會變得活躍。因為攝取量並沒有減少，也不會感到疲倦、營養不足或便秘等不適症狀。即使感覺到餓，也不會生氣或變得敏感。

現在就算我偶爾吃一些易胖的食物，只要在接下來的幾天內嚴格遵守原來的飲食計劃，我的體重仍能恢復到 48 公斤。比起計較熱量，我更努力不吃會提高體重設定點的食物，即使飲食有偏差，也會盡量守住設定如下的最低標準。

　　1 一天不攝取兩餐以上的麵粉類食物　若早餐吃了法式吐司和義大利麵，午餐吃了飯跟冰淇淋可麗餅當甜點，就不會以麻辣燙和糖醋肉當晚餐。若早上想吃豐盛早午餐，建議可搭配沙拉，午餐和晚餐就調整回原本以飲食計畫的份量，以維持平衡。

　　2 調節一天攝取的總糖量　用不甜的美式或拿鐵，代替香草拿鐵或焦糖瑪奇朵。若想喝點甜的飲料，就點小杯的。一天只吃一種甜點，我不會一次吃包含蛋糕、馬卡龍和冰淇淋等甜點套組。

　　3 油膩的食物搭配蔬菜　吃炸雞、豬排、五花肉等油膩食物時，應該減少碳水化合物的攝取，並搭配蔬菜一起食用。當脂肪遇上碳水化合物，就會成為讓我們發胖的共犯。如果單獨攝取脂肪，不會讓你胖太多。但當與碳水化合物一起攝取時，就會因身體分泌胰島素，而被儲藏為脂肪。

　　美味但易胖的食物，通常都是碳水化合物與脂肪的組合。因此，盡量不要在吃油膩的食物時，搭配有甜味的醬料。例如，原味炸雞優於調味炸雞，五花肉優於醃漬肋排。若同時吃下炸物與炒年糕，就很容易因炒年糕的甜味醬料，讓脂肪

更易儲存。如果想吃炸物，我比較推薦日式料理，並搭配醬油吃。油膩食物搭配蔬菜一起吃，蔬菜中的膳食纖維就能阻止脂肪吸收。我們很常在吃油膩食物時，用可樂或啤酒（它們都是糖分高的食物）解膩，這時吃點蔬菜也可發揮解膩的作用。

　　像這樣定好最低限度，就算受到食物誘惑，也能縮短徬徨的時間，輕鬆回到原本的飲食計畫。使用這個方法，可以阻止自己突然間暴食，所以不會產生挫敗感或自責感，這也是一大優點。

　　我們該警惕的是「哎呀，不管了！今天就放心大吃吧！」的心態。

應該喝哪種飲料呢？

水

再怎麼強調水分攝取的重要性都不過分。因為人體分解脂肪的過程中需要水分，當水分 不足時，就無法順利分解脂肪。在水分不足的情況下，如果身體要開始分解脂肪，就會把人體其它地方的水分拿來用。這麼一來，皮膚水分不足，就會乾燥和長痘痘。因此，為了苗條的身材與清透的皮膚，我們無論如何都要攝取足夠的水分。

茶

若要攝取水分，喝茶的效果會比只喝白開水還好。我每天上班到午餐之間的時間，都會喝約 800cc 的茶 *。喝茶能享受以下幾個好處：

1. 午餐前攝取充足的水分，就能避免因混淆口渴與飢餓感，造成午餐時狼吞虎嚥。

2. 可以改變被養成喜歡喝甜飲的味蕾。

3. 泡茶能幫助我們獲得心靈平靜。

特別是對甜飲有偏好的人，比起什麼強忍任何飲料都不喝，用茶當替代品會容易許多。即使喝了茶，還是想喝甜甜的飲料時，也不必勉強自己。但是，若有充分喝茶，會讓控制飲料的攝取量變得越來越容易，只需慢慢減少即可。

若不管三七二十一就要你喝本來毫無興趣的茶，可能會讓你興趣缺缺。試試走訪氣氛沉靜的茶坊，或是試喝各種不同的茶類，享受找到自己喜愛的茶的樂趣。一旦喜歡上茶之後，就能隨著每天心情挑選不同口味的茶，開啟一天的快樂。

---

* 綠茶、紅茶、烏龍茶也含有咖啡因。然而，茶的咖啡因由兒茶素、茶胺酸等成分組成，吸收速度比咖啡的咖啡因慢，也較溫和。也有像木槿花茶、博士茶、薄荷茶、洋甘菊茶等不含咖啡因的茶種。

咖啡

　　美式咖啡中有很多有助於減肥的成分。咖啡因有抑制脂肪合成的效果，多酚則有抗氧化的功能。那麼我們是不是只要避免香草拿鐵、摩卡咖啡、焦糖瑪奇朵這類含有大量糖分的咖啡，就可以無限制地喝美式咖啡呢？

　　1 咖啡的利尿功能　咖啡內的咖啡因，有會排出我們體內水分的利尿功能，所以美式咖啡同樣會妨礙身體的水分攝取。最好是喝非常淡的美式，或是在每喝一杯美式時，攝取差不多份量的水分。

　　2 咖啡的提神功能　其實，喝很多咖啡晚上也能睡著的人，實際上睡眠品質都不太好。因為睡不好，隔天又會喝咖啡提神。建議這類的人逐漸減少咖啡攝取量，並盡量避免在下午喝咖啡。

　　3 妨礙養成正確飲食習慣的餐後咖啡　吃很多碳水化合物後，就會變得恍惚和想睡。這種不適的狀態讓我們意識到有必要調整食物的品質與攝取量。但如果依賴咖啡強行提升狀態，就無法切實感受到選擇正確食物的必要性。

　　因此，了解過度飲用美式咖啡產生的副作用後，我建議大家將攝取量限制在每天 1~2 杯內吧！

碳酸飲料、運動飲料等含糖飲料

　　含糖飲料指的是添加砂糖與甜味劑的飲料。可樂、能量飲料、果汁、冰沙等都是含糖飲料。市售的果汁大部分都含糖。未加糖的果汁或現榨果汁在製作時，因過程中膳食纖維已被破壞或去除，反而增加過量攝取糖分的風險，這比直接吃水果的好處要少得多。

含糖飲料帶來的血糖變化

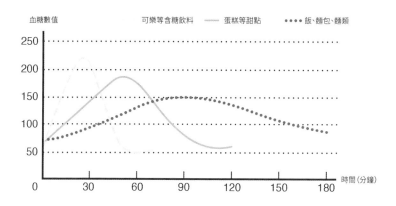

　　含糖飲料的問題出在，就算攝取的糖分總量相同，但以飲料型態攝取時，會使我們更容易變胖。砂糖由葡萄糖與果糖組成，雖然總量也很重要，但攝取的速度也非常關鍵。當快速攝取葡萄糖時，會使血糖急速升高，就會導致胰島素分泌過量。

　　就算同樣都攝取 20 公克的葡萄糖，若是要咀嚼的食物，就會先在胃中消化後，再慢慢進入小腸，吸收速度也會變慢，

因此血糖上升速度也比較緩和。但是若是喝飲料，不只是在5分鐘內就能喝完，液體會快速通過胃直接進入小腸。當被小腸快速吸收的葡萄糖，會使體內血糖快速升高，讓身體急急忙忙地分泌過量的胰島素。這會導致血糖再次快速下降，讓我們進入想吃東西的惡性循環。習慣性喝含糖飲料，會使過度分泌胰島素變成日常，進而引起胰島素與瘦體素阻抗，提高體重設定點。

果糖也一樣。但它與葡萄糖不同的是，它會直接從小腸進入肝臟，並在肝細胞中進行代謝。當果糖的攝取量超過一定數量時，會在肝臟中產生AMP、尿酸等物質，並以脂肪形式儲存。當脂肪累積在肝細胞中，進而產生胰島素阻抗，這時體重設定值也會提升。

果糖和葡萄糖都一樣，不單只是攝取量的問題，攝取速度也至關重要。小腸中存在部分能分解果糖的酵素。因此，若使其少量緩慢進入小腸，就能在小腸中被分解，防止果糖在肝臟中以脂肪形式儲存。

其實，最好的方法就是戒掉含糖飲料。

可以用零卡飲料代替含糖飲料嗎？

現在是零卡飲料的全盛時期。不只可樂、汽水，芬達、寶礦力等大多數飲料都推出零卡版本。零卡飲料主打0熱量，減少我們享受甜蜜滋味時的罪惡感。由於不含葡萄糖、果糖

等碳水化合物，對胰島素分泌幾乎沒有影響。但是，我們一定要戒除零卡飲料。因為零卡飲料中的人工甜味劑同樣會使體重增加。

美國普渡大學飲食行為研究中心的泰瑞·戴維森（Terry Davidson）與蘇珊·史威瑟（Susan Swithers）博士，對老鼠做了一項實驗，他們讓老鼠分別吃下含有糖精或葡萄糖的優格。實驗結果顯示，吃下糖精優格的老鼠，體重比吃下葡萄糖優格的老鼠多出 29%。這表明人造甜味劑並不像人們所說的那樣不含卡路里、不會讓人發胖，這一切都是騙局。事實上，接觸人工甜味劑的強烈甜味後，人體對甜味的渴望也會提升。

---

* 糖精發現於 1897 年，是歷史最悠久的人工甜味劑，甜度比砂糖高上 300 倍，且因為沒有熱量，於 20 世紀初被當作糖尿病患者的砂糖替代品使用。1970 年代，糖精在經過動物研究後被分類為致癌物質，在食品業界被禁止使用。後續研究揭露其與癌症發病無關，因此在許多產品中再度被當作人工甜味劑使用。

而且，若只吃含有人工甜味劑的食物，食慾調節系統就會失靈。我們的身體在進化過程中，發展出了把甜味識別為能量的機制。若腦部感知到舌頭感受到甜味，就會預期能量

即將進入身體，並分配身體能量。然而，人工甜味劑並不包含能量，所以沒有能量輸入。這種狀況就像，我們預期薪水會進帳，因此把錢花在各種事物上後，卻發現領到一堆假鈔。這麼一來，我們的身體就會不擇手段提高食慾，吃下真正能提供能量的食物。

當這種狀況反覆發生時，即使吃下真正含有能量的砂糖，大腦也信任不了這個甜味。喝零卡飲料，會導致大腦的食慾調節系統失靈，讓你無時無刻都想吃。另外，零卡飲料會促使體內製造出大量的激素與酵素，為大幅影響身體代謝機能的腸道微生物帶來一連串負面的影響。

我們的身體既複雜又微妙。我們不能掉以輕心，認為只要光靠 0 熱量，就不會讓自己發胖。別被「因為 0 熱量，可以輕鬆享受」的這句話給蒙蔽。

減肥時可以喝酒嗎？

酒的熱量不是問題

「可以喝酒嗎？」

在減肥諮詢時，很多人會問我這個問題。酒會為減肥帶來什麼樣的影響呢？可以邊喝酒邊減肥嗎？為什麼喝酒會讓小腹變特別大？在燒酒、啤酒、紅酒、清酒、瑪格麗中，哪種酒比較不變胖呢？喝酒時，應該配哪種下酒菜？

把酒精放進彈卡計＊中，燃燒熱量後，測定結果為每公克 7 大卡，散發出的熱量比每公克 4 大卡的碳水化合物或蛋白質還多（脂肪為每公克 9 大卡）。然而，攝取酒精時，讓你變胖的原因終究不是熱量。如果是因為熱量才胖的，那酒精成癮的人全都應該是胖子。但事實上，酒精成癮的人中，往往有很多都是瘦子。

其實酒的熱量並不重要。比較啤酒、燒酒和紅酒的熱量並沒有意義。酒精與碳水化合物、脂肪、蛋白質截然不同的代謝方式才是發胖的主因。

---

* 彈卡計（bombe calorimeter）在密閉容器中快速燃燒物質，並測定其散發之熱量的裝置。主要用在測量固體、液體燃料或是食品的燃燒熱與熱值。

飲酒後想吃碳水化合物的原因

人體把碳水化合物、脂肪、蛋白質分解成 ATP（adenosine triphosphate，三磷酸腺苷），來產生能量。當酒精進入體內後，並不會合成 ATP，而是先變成乙醛，最後被分解成乙酸。乙醛是有毒的化學物質，是讓人喝醉且臉頰發紅的原因。乙酸為醋中的成分，酒後隔天口中散發出酸酸的酒味，就是這個化學物質所造成。

酒精並不是安全的能量源，而是對人體有害的毒素，因此會在肝臟中被快速分解成其它物質。肝臟分解酒精需要糖，而這會使血糖被快速消耗。當血糖突然降低，我們就會覺得糖份不足，就會讓我們想點些充滿碳水化合物的下酒菜來吃。這也是為什麼我們喝醉後，會想吃奶油義大利麵或泡麵等食物的真正原因。

不只如此，酒精還會促進以「壓力激素」聞名的皮質醇

分泌。皮質醇會促進內臟脂肪合成，導致小腹凸出。另外，酒精也是一種神經毒素，是引發失智的元兇。

過度飲酒讓我們選擇錯誤的食物

一般來說，酒局都會從傍晚開始，一路持續到深夜或清晨。所以喝酒後，24 小時內攝取食物的時間就會長上許多。維持適當的空腹時間，能減少我們體內分泌胰島素的量，讓體脂肪被當作能量使用，提高代謝靈活性 *。而且喝酒的隔天，食慾會非常不穩定，容易從早上就吃進很多能解酒的食物。

只要喝酒，酒精就會溶解於血液中，並被傳送至大腦。大腦原本就會嚴格控管其它物質的進出，但酒精因為體積太小，能自由進出腦部。酒精會流進伏隔核中，促進多巴胺分泌；巴胺會讓我們覺得喝酒很快樂，使我們想再多喝點。這使得在喝酒時控制酒量和食物攝取量變得非常困難。

---

* 能隨著身體需求，靈活地將脂肪與碳水化合物（葡萄糖）作為能量使用的健康代謝能力。

體質越是能喝，就越容易過度飲酒。減肥期間，盡量把酒局控制在一個月兩次以下。而且，為了提高酒後隔天的空

腹時間，建議把早餐時間延後為佳。另外，我們應該攝取水分來解酒，而非食物，也應該率先意識到食慾與平常不同；並了解「因為喝酒，所以食慾才變得如此不穩定」、「真難管控放肆的食慾」，而不是把解酒當作藉口，從一大早就開始吃想吃的食物。

　　酒精也會影響睡眠品質。雖然酒精可以讓人容易入睡，但實際上很難獲得深層睡眠。因為喝酒時攝取的食物，會填滿消化器官，干擾我們深層睡眠。當睡眠品質不佳，就會影響身體狀況，讓食慾變得不穩定。

　　酒後返家洗澡，能有助於促使酒精更快代謝，並進入深層睡眠。請注意別讓自己喝到連洗澡都沒辦法的程度。

減肥時可以喝的酒跟下酒菜

　　如果減肥期間，遇上不得不喝酒的場合，選擇蒸餾酒或是甜度較低的紅酒為佳。用冰塊或氣泡水稀釋蒸餾酒，就能輕鬆控制飲酒速度，也可以同時攝取水分。下酒菜盡量避開重口味、炸物或麵類食物，盡量挑選味道清淡的食物。

　　我在喝燒酒時，大多會搭配生魚片、芥末章魚、日式烤雞肉串或是清湯火鍋。喝紅酒時，則是搭配西班牙蒜味蝦、薄切生牛肉片、沙拉、烤香菇或蔬菜等。因為這類下酒菜的口味隨著溫度所產生的變化較小，優點則是可以慢慢吃。

我不喜歡吃沙拉！我討厭青菜！

我曾經超討厭花椰菜

雖然理性知道應該吃些有益身體健康的食物，但有些食物怎麼說就是吃不下去。我曾經討厭花椰菜，總覺得花椰菜的口感很噁心，就像把一棵小樹放到嘴裡。但去札幌旅行時，吃到湯咖哩中的花椰菜，讓我見識到了新世界。不只我厭惡的硬脆口感消失外，煮熟蔬菜的香甜與湯咖哩的香味，也充滿在我的口腔。竟然能讓花椰菜散發出這種味道，這令我感到神奇，所以我向店家詢問了烹煮方式。主廚走出廚房，解釋著，他先用烤箱烤過花椰菜，最後再倒進湯咖哩中。

「只靠這種料理方式就能煮出這種滋味？」

自從對花椰菜打開了心防，我也吃了很多煮熟的花椰菜。如今再也不像以前一樣討厭花椰菜了。

人類是能吃下世上所有食物的雜食性動物

在地球上所有動物中，人類的生存範圍最廣。無論是西伯利亞還是沙漠中都能生存。相反地，人類以外的許多動物都只棲息在特定區域中。動物沒辦法輕易遷移棲息地的其中一個原因就是牠們只能吃特定的食物。例如，食蟻獸必須將巨大的舌頭伸進蟻穴，舔食白蟻維生。無尾熊住在尤加利樹上，吃著尤加利樹葉。若讓食蟻獸遷移到沒有白蟻的地方，讓無尾熊遷移到松樹上，就會因為缺乏食物而無法生存。

約六萬年前，地球發生了突如其來的氣候異常。在天氣變得寒冷與糧食不足的情況下，人類必須拋棄原本的居住地尋找糧食。在到達新的地方，人類面臨著要麼嘗試之前未曾見過的食物，要麼面臨飢餓而死的挑戰。一路拒絕吃下新食物的人類最終慘遭淘汰，而勇敢把新食物放進嘴裡的人類存活了下來，我們就是這些人類的後代。跟只能吃螞蟻的食蟻獸不同，我們是能吃下世界上所有食物的雜食性動物。

我喜歡的食物不靠命運決定

我們無時無刻都能改變對食物的偏好。一輩子都喜歡吃牡蠣的人，或許會在一次嚴重鬧肚子時，在連續三天兩夜都吐出牡蠣味的嘔吐物後，便開始討厭牡蠣。如果天生就喜歡牡蠣味，就算吐出牡蠣味的嘔吐物，也應該不受影響。比起

味蕾中的味覺細胞，對食物的美好記憶更具影響力。

據說我們一直到成年為止，會累積約 33,000 個跟食物相關經驗，這些經驗和記憶會影響我們對特定食物的喜好或厭惡。大多數對健康有益且有助於減肥的食物，並不是由基因決定的喜好與厭惡。身為雜食性動物的人類，對於喜歡和討厭的食物總是有改變的可能性（當然，對某些食物如黃瓜或香菜特別敏感的基因則是例外）。

不管是什麼食物，都有味道與營養上的優缺點。越是廣泛地攝取食物，我們的選擇就越多。只專注於自己喜歡的食物，而忽視其它多樣的選擇是不好的。例如，只想跟名為「炒年糕」的朋友玩耍，就不是一種好的態度。與各種不同的食物接觸越多，我們越能發現每種食物獨特的魅力，當需要專注於某一種食物時，我們也能更愉快地享受。

喜歡上討厭的食物的方法

早期野外的人類必須辨識哪些東西能吃，哪些東西不能吃。若無畏的把任何食物放入口中，就可能吃到毒蘑菇而喪命。那些慎重挑選食物的人類存活了下來，我們就是遺傳了這種飲食習性的後代。我們會對新食物感到抗拒的原因，不是因為討厭它的味道，而是因為害怕誤食，可能會慘遭不測。

我們身上也有神奇的學習能力，就算一開始不喜歡這種食物的味道，但反覆吃的話，就可能會逐漸喜歡上它。例如，

第一次喝咖啡或啤酒時可能會失望，但我們常在重複吃下它們後，慢慢開始享受其滋味。首先，試著敞開心胸把新的食物放入口中，在大多數情況下，什麼事也不會發生（除了過敏）。先別急著判斷好壞，吃個幾次看看。也許你可能也會像我一樣，獲得意外的新發現，體會湯咖哩中的花椰菜其實很好吃。

但討厭的東西還是討厭

我們不可能光靠重複吃某種食物，或是強烈的美好記憶就喜歡上所有食物。如果自己一直都厭惡著某種食物，那一定有對應的原因。

例如，我可以接受番茄，但討厭小番茄。為什麼呢？我仔細地思考。畢竟我能接受番茄，不能單純怪罪味道。我觀察了自己在吃番茄跟小番茄時討厭的地方，得到了結果。就是因為小番茄的皮！相比於番茄，小番茄的皮比較韌且厚。它的皮不好吞嚥，還常常黏在上顎，如果還卡在牙縫中，就更惹人討厭。我也討厭整顆吃下去時，皮破裂後裡面的汁液噴出來，也讓我很不舒服。

當我明確地了解自己討厭小番茄的原因後，心情頓時舒暢了許多。如果不喜歡某種食物的話，不要一概而論，試著了解那種食物到底哪裡惹你討厭。

具體找到討厭的原因，就能找出解決方法。我在各種不

同品種的小番茄中，找到了皮比較不那麼韌的品種，問題就改善很多；或是讓小番茄再熟一點，皮就會變軟。吃沙拉的時候，光是把小番茄切成兩半，就能提高我吃它的意願（果肉不會噴出來）。雖然我還是討厭小番茄的皮，但我卻成為了一位可以美味享用小番茄的人。

就算吃一樣的東西，這樣吃就不會胖

教你如何品味食物的壽司無菜單料理

我第一次吃壽司無菜單料理的回憶還歷歷在目。我其實也不是太喜歡壽司，也不懂無菜單料理是什麼。我在完全不知道會發生什麼事的狀態下，迷迷糊糊地坐了下來。

主廚在捏出每一顆壽司時，都會說明海鮮的名稱，以及怎麼吃最好吃。我豎起了耳朵聽他解說。當把壽司放進嘴裡，就因美味睜大了眼睛。那是我第一次感受到的驚人鮮味。

為了多享受享受這個滋味久一些，我慢慢地一口一口咀嚼。沒有一點食物是不經過舌頭，直接進到喉嚨裡的。我想完完全全感受食物的美味。我捨不得吞下它，甚至到了想反芻的地步。我忠實地遵循主廚的指示，有些壽司沾醬油吃，有些沾鹽巴吃，有些則是直接用手接來吃。畢竟錯過了就再也吃不到了，我自動開始品味每一口的味道。竟然能吃到這

麼好吃的食物！我的心情已經超越幸福，來到虔誠的地步了。

從那之後，我也很常造訪壽司無菜單料理，抵達前不管有多餓，我都會忍住、把胃空下來。這樣做是為了避免因為飽腹而影響到品嚐的體驗。我引頸期盼著今天會吃得多享受，心靈也同時被淨化。為了能全神貫注在餐點上，即使有煩心事或壓力，我也會平靜下來，以便能夠專心地享受每一口美食。

這樣吃的話，食物根本不可能會不好吃

我們必須在每餐中獲得充分的滿足感

即使是相同的食物，如果狼吞虎嚥地吃，也完全無法感受到食物的味道。這樣不僅無法滿足食慾，還會想再吃其它食物。所以，我們應該留意能滿足食慾的吃法，透過吃法獲得充足的滿足感。

我在吃壽司無菜單料理時，不會看手機，也不會沒咬幾口就吞下肚。甚至在吃之前，觀察每一種生魚片的樣子，聽取每種海鮮的盛產季節，以及該搭配什麼、怎麼吃才好吃的說明。我也會勇敢地挑戰平時不太喜歡的食材，專注於每一口食物帶來的感受，以及與一起用餐的人分享對味道的感想。我會根據壽司還剩下幾貫來決定是否增加或減少飯量，來調節飽足的程度；也會向提供美味餐點的主廚表達謝意。

這種吃法就叫做「正念飲食（mindful eating）」。

「正念」指的是專注於當下，完全感受並接受當下的情緒、想法和身體感覺。「正念飲食」是一種專注於飲食過程的飲食方式，讓人察覺到食物帶來的身體感覺、情緒和思考，全神貫注於每一口食物的享受。

能有效調節暴食的正念飲食

正念飲食對減重也很有效。根據一項研究結果顯示，在不控制飲食與運動的狀況下，光靠正念飲食，就有 86% 的過重實驗參加者成功減重。而且，正念飲食在調整壓力性暴食上，也展現出了卓越的成效。

正念飲食能讓我們避免「我到底吃了多少？」的空虛感。這是因為你完全專注於進食的過程，並且清楚意識到自己正在做什麼。當你開始關注自己的身體和心靈時，你會更加了解自己。我們雖然常常有對自己很了解的錯覺，但若是不細心觀察，就很難知道自己實際的狀況；其實了解自己也需要練習跟訓練。我們可以從感受每餐自己是餓、是飽和是否覺得美味開始訓練。

只要實施正念飲食，在吃著相同的食物下，我們就能吃得更美味、更享受。慢慢吃也能防止吃得過量或暴食，也有助於消化。當思考食物從何而來，經過了多少雙手才來到自己面前，也會對食物懷抱感恩的心。我們對新鮮又營養豐富的健康食物的好感度，也會變得比猜不到是怎麼被製造出來

的加工食品高。

　如果你沒辦法馬上改變吃的食物，就從進食的方法開始，試著改變成正念飲食。在不知不覺中，你對食物的想法跟態度也會有所轉變。

正念飲食 實踐方法

1. 在吃東西前充分觀察。
2. 檢查當下自己的身心狀態。
3. 把食物放入口中，緩慢地咀嚼，感受食物的味道。
4. 感受嘴裡食物的味道後，再吃下一口。
5. 觀察吃東西時，自己身心發生什麼樣的變化。
6. 吃東西時不看電視或手機。
7. 對食物心懷感恩。

快速進食才好吃的食物秘密

眼、口、手過度迅速的協調力

當食物非常美味時，人們往往會不自覺地加快進食速度，結果一轉眼盤子上的食物就消失了。這樣的快速進食不僅會讓人感覺吃得過多，還可能增加食量。雖然不是說要減肥就一定要無條件減少進食的量，但某些食物會成為體重設定值的信號，因此盡量少吃這些食物會更加有利。

拉長吃飯時間的六個實踐方法

吃東西的行為是結合眼、手與口的協調動作。我們從眼睛看到食物，用手抓取，並拿到嘴裡，最後咀嚼後吞下。慢慢吃很難的原因是，這一協調動作是同時進行。但如果將每一個動作分開來做，就可以更從容地進行進食。

1 咀嚼時暫時閉上眼睛　我們在吃到非常美味的食物時，會本能地「嗯」一聲地慢慢閉上眼睛。若同時處理視覺訊息與味覺訊息時，會無法完全感受味覺。例如，嘴裡已經有了大醬湯，如果我們眼睛看到肉類小菜，就難以好好感受嘴裡大醬湯的味道。因此，在平常吃東西時，不妨也暫時閉上雙眼感受味道吧。

2 不同時動手和口　在嘴巴裡有食物的時候，專心在口腔中的感覺，盡可能品嚐食物的味道。為了專注在舌頭的感覺，就會需要暫時停止所有動作。從把食物放進嘴裡，直到完全咀嚼完畢為止。試著放下餐具，或是兩手交疊等待，在咀嚼完畢吞下後，手再繼續動作，一直到把下一口食物放進嘴裡為止。你一開始可能會覺得很不習慣，但多做幾次就能自然地用餐。

3 決定咀嚼的次數　努力嘗試右邊先咀嚼 10 次、左邊再咀嚼 10 次後，再用整個口腔一起用力咀嚼 5 次。細嚼慢嚥可以讓人感受到飽足感，對消化也有幫助，同時也能促進胰島素分泌，使血糖緩慢上升。輪流用口腔兩側咀嚼，對打造均勻臉型也非常重要；我們常常只用一邊的口腔咀嚼，久了之後，下顎關節就可能變形，造成臉型歪斜的問題。

4 縮小一口的量　有些人喜歡一次把嘴裡塞滿食物，喜

愛那種口腔充滿的感覺，和食物被唾液稀釋前強烈的味道。但是這麼吃的話，就一定會縮短吃飯時間。如果在 2 分鐘內吃完一個甜甜圈，雖然在短時間內感到滿足，但如果你願意花 10 分鐘吃完一個甜甜圈，就可以享受 10 分鐘的幸福。而且，我們的味覺細胞大多分布在舌頭上，所以如果我們一次放入太多超過舌頭面積的食物，就沒辦法 100% 享受食物的美味。那些還沒碰到舌頭就已經進入喉嚨的食物，似乎有點可惜，不是嗎？

5 用鏡子觀察自己進食的樣子　可以通過鏡子或使用手機的前置鏡頭（自拍模式）來觀察自己進食的方式。當我們意識到正在被相機拍攝時，就會有意識地努力讓自己吃得更平靜。另外，我們也可以從影片中發現並改善自己的進食習慣。例如，是否在咀嚼時有把下巴前推、只用一側口腔咀嚼，或是否嘴巴總是微開等等。

6 至少要專心剛吃下食物的前 5 分鐘　你可能覺得吃飯的時候還要遵守上述內容，太令人煩躁了。我們沒有必要從頭到尾都吃得很慢，重要的是在吃飯的前 5 分鐘內保持專心。開始吃東西的時候，對食物味道的感受會最強烈，所以也容易亢奮並產生想吃更快、吃更多的衝動。這時候，別胡亂猛塞食物，你可以先慢慢地品嚐食物，之後不刻意控制吃飯速度也無妨。

咀嚼食物這個過程本身就會促進胰島素分泌。如果在剛開始用餐時就慢慢地、一口一口咀嚼食物的話，就能順利分泌胰島素，讓血糖緩慢上升。在用餐初期，先吃不咀嚼個幾次就無法吞嚥的肉類或蔬菜，比能大口就吃下的飯還有幫助。

越是需要調節份量的食物，慢慢吃可能味道會變差

有些人認為慢慢吃食物會使味道變差，這種觀點確實存在。但是，並不是所有食物都是如此。世界上存在著慢慢吃也好吃的食物，也存在著慢慢吃就會變不好吃的食物。

對人工味道強烈的加工食品來說，溫度尤其重要。在便利商店販賣的泡麵、炸醬泡麵或香腸等，雖然在熱熱的時候吃很好吃，但冷掉之後，就會明顯感受到隱藏的化學味。

同樣，溫度對冰淇淋、星冰樂、冰沙這種食物來說也非常重要。冰冷的冰淇淋和融化後黏答答的冰淇淋，根本是兩種完全不同的口感。雖然我們在吃冰冷的冰淇淋時，感受不到它大量的脂肪，但我們光看融化的冰淇淋就會覺得黏膩、覺得油。星冰樂跟冰沙的味道，在冰塊隨時間融化後也會變得不同。

像炒年糕、炸醬麵、燉雞和辣燉魷魚這種食物吃的是一種強烈醬料味，往往要快點吃才美味，所以也是容易吃過多的食物。燉雞或辣燉魷魚這種醬料味道強烈的蛋白質食物，會讓我們吃下更多飯。鹽分攝取量增加已經不是件好事，加

上攝取的碳水化合物增加，就會提高體重設定點。

　　麵類料理如果不趁熱吃，麵條就很容易膨脹，口感跟味道都會變差。尤其大口吃麵的時候，很容易一口吃下太多份量。麵粉類食物是容易提高體重設定點的食物，因此控制份量顯得非常重要。試著把一口食物的份量，限制在剛好可以放到湯匙上的量。每一口都少少慢慢地吃，總有一天就能到達吃完適當份量的麵後，就停止進食的境界。

　　大多數需要快速吃才能保持美味的食物，都需要我們控制食量，甚至最好避免攝取。雖然理性上知道它不好，但就算這段期間因為它好吃到戒不掉，養成慢慢吃的習慣後，就能遠離它們了。

找出吃得越慢越好吃的食物

　　慢慢吃也好吃的代表性食物有沙拉跟水果，就算過了一會，食物的味道也不會有太大的差異。像是飯和小菜的組合，雖然吃得比較慢，但味道也不會受到太大影響；蔬菜拌飯或飯捲，就算慢慢吃，味道也幾乎都不會改變。

　　由豐富蔬菜、肉類與碳水化合物均衡組合而成的三明治或生魚蓋飯類，太燙或太冰的時候反而不美味。這類帶出食材原味的健康食物，就算是慢慢吃也非常好吃。只要掌握慢慢吃的技巧後，對健康自然食物的好感度也會提高。

改掉餐後吃點心的習慣

若要戒掉點心，就需要新的行為模式

改變飲食習慣是非常困難的。如果過去的你總是在飯後享受香甜的蛋糕或零食等點心，要你突然戒掉就會是件難事。就算心裡決定「只吃一口甜點就好」，也會在不知不覺中吃掉一整個。對於那些一直依賴甜點生活的人來說，要在未來生活中放棄甜食，不是單靠決心就能完成的事。

這需要熟悉全新行為模式才能做到。

1 可代替甜點的其它食物 當與男友分手後，獨自在家時，就會很憂鬱，也變得更想念男友。這時與其它人見面是有助於改善這個情況。不過，新認識的人必須也是一位值得交往的人。不妨試著用黑巧克力、無糖椰子片或堅果類等食物代替甜點。雖然這些食物不及香甜的甜點美味，但這類食

物吃著吃著，就能幫助你控制食慾，減少對甜點的渴望。

2 餐後立刻刷牙　吃完飯後嘴裡殘留的感覺，會成為讓人想吃甜點的訊號。例如，吃完泡菜鍋後吃冰淇淋，感覺就會更甜更清爽。與其強行抗拒這種誘惑，不如試著在吃完泡菜鍋後，透過刷牙將泡菜鍋的口腔狀態變成牙膏味。當嘴裡散發牙膏味時，便能淡化想吃甜點的渴望，並產生吃甜點又要刷牙的心理障礙，這個方式十分地有效。

3 用餐結束的專屬儀式　我在家吃飯時，最喜歡在餐後馬上洗碗。花個大概 10 ～ 15 分鐘洗碗，會讓我有一種用餐完全結束的感覺，而且在這段時間裡，不知不覺飽足感也隨之而來。午餐後，我也會馬上刷牙、擦護手霜並補唇妝。當我聞著護手霜的香味，再把唇妝補得乾淨利落時，就會產生一種吃飯的行為已經完全結束的感覺。

4 如果還是想吃甜點的話，1 ～ 2 小時後再說　吃完飯立刻吃甜點，會導致血糖急速上升，血糖也會因胰島素的急速分泌而急速下降，就像坐上血糖雲霄飛車一般。當血糖像這樣大幅上升又下降時，你就會覺得糖分不足，馬上想吃其它食物。如果能忍住這股衝動，等 1 ～ 2 小時候有嘴饞的話再吃甜點，或是選擇乾脆不吃。這樣的選擇就不會坐上血糖雲霄飛車，產生胰島素阻抗的機會也減少。意思就是，我們還

是能稍微阻止自己變成易胖體質的可能性。

　　立刻滿足食慾和發揮自制力稍後再吃，兩者之間有著巨大的差異。別被食物拖著走，我們必須培養用意志力控制飲食的能力。

　　5 如果這些都失敗了，那就散步 15 分鐘　　我們不可能每次都成功。就算努力嘗試了上述的所有方法，還是有可能想在餐後立刻吃甜點。這種情況下，我們利用散步 15 分鐘來應急處理。同時，餐後立刻讓肌肉動起來的話，葡萄糖就會被肌肉吸收，也能稍微阻止血糖快速上升。

想吃零食的話就這麼吃！

為什麼每次一打開零食包裝都會「秒殺」呢？

零食是設計成一種非常適合隨手拿取的食物。只要隨意把手伸進包裝袋裡，抓到什麼就放進嘴裡就好。即使不看著包裝，也能輕鬆地拿取並進食。只要工作或讀書的時候，就會想打開零食包裝，一邊吃一邊做事。在不知不覺中，包裝可能已經空了，或者只剩下幾塊。這時我就會想「到底什麼時候吃完的？」

意識不到自己吃了多少食物的習慣並不好。但這也不是叫你無條件戒掉吃零食，而是一定要改掉放空吃零食的習慣。

1 不囤積零食　零食通常很方便囤積，讓我們在想吃的時候就吃得到。如果總是把零食放在隨手可得的地方，就很容易吃得更多。最好是營造一個想吃零食時，就必須出門購

買的環境。如果想吃零食想到可以承受這種麻煩，那就可以吃。別抱著因為零食就在眼前而隨意打開包裝，更不要有因為包裝已經打開就把它吃光的想法。

2 設定每次吃的份量　零食常常讓人覺得一包就是一人份，但是一包零食的量是由製造商任意決定，跟我應該吃的量無關。別想著一打開零食就要吃到最後，試著練習預先決定並只吃下那些量。如果我們以一包零食為基準的話，很難掌握到底吃了多少；你可以把零食倒進碗裡，親眼確認並決定每一次要吃的量。如果把碗裡的零食吃完後，還再想吃，那再吃一點點也是可以。透過練習，估算看看直到我們發揮自制力不吃零食之前，需要吃下多少量才能控制自己的食慾。

畢竟零食就是設計來讓你拆開後無法停下，使你成癮的產物，吃的時候要定量非常困難。但是我們可以透過練習學習到吃越多零食，並不會為我們帶來更愉悅的滿足感，，反而會因為總覺得不夠而不斷想要再吃一個，或是告訴自己只再吃最後幾個。這設計不是因為零食有多美味，而是因為它能刺激多巴胺分泌，讓我們對它持續上癮。

3 別做其它事，專注於在餐桌上吃零食　通常我們都會邊看電視或手機邊吃零食，或是一邊工作或唸書邊吃零食。試著靜下心來坐在餐桌上專心吃零食，這樣做一定會產生不同於以往的感覺。試著專注在零食上，邊想著我為什麼要吃

零食，零食又是如何製造出來的，零食是否有充分攝取的價值等問題，這會讓你對吃零食有更多的認識。

4 吃的時候慢慢咀嚼 10 次再吞下 我們之所以喜歡零食，不是因為它是非常美味的食物。吃零食的樂趣就是咀嚼個 3~4 下就吞下才爽快。相反地，如果咀嚼超過 10 次，使得零食在嘴裡變得糊糊的，那真的好難吃！這樣做的用意，是讓我們可實際感受零食是種由麵粉、砂糖、脂肪和鹽等組合，加以化學香味及酥脆或柔軟的口感添加風味的劣質食品。它只是為了追求商業利益，讓我們在一放入嘴裡時，就能感受到強烈的味道與香味，以此誘惑我們。

5 仔細確認零食的成分名稱 第一次閱讀成分表時，怎麼看就是看不懂它在講什麼。零食中含有大量的麵粉、砂糖、植物性油脂和氫化油，也含有許多不明的化學物質。零食是由各種不知道是什麼的成分，以各種比例與組合加工而成的。當閱讀成分表後，一開始就算不知道確切的內容物，但也會知道這些成分不可能有益健康。

零食看起來雖然光鮮亮麗，但實際上是毫無價值的騙子。被騙子欺騙而跟它打好關係，吃虧的只有自己。如果我們不深入了解零食，就因為便宜好吃就喜歡它，最終搞壞自己體質跟變胖的責任都將歸咎於自己。如果依照上述方法，就可

以逐漸遠離明知道不好卻戒不掉的零食。試著用健康的食物來取代這些空洞的零食，這些健康食物將有助於改善體質，降低體重設定值。

如果還是想吃辣炒年糕怎麼辦？

意志力是有限的資源

　　意志力是只要我努力就能增強嗎？《增強你的意志力》一書的作者暨心理學家羅伊・鮑梅斯特進行了全球首次證明意志力並非抽象概念的實驗。他將飢餓的學生分成兩組，一組人盡情吃餅乾，另一組人忍受餅乾的誘惑，只能吃蘿蔔。

　　接著，測量他們在面對無解的數學問題時，會在多長時間內放棄。盡情吃餅乾的那組在 19 分鐘後放棄作答；而吃蘿蔔的那組則在 8 分鐘後就放棄。這是因為他們為了抵擋餅乾的誘惑，在過程中耗盡大量的意志力，沒有剩下多的意志力能用於解開數學題目。透過這個實驗，鮑梅斯特發現了意志力的兩個重要特徵。

　　1. 因為意志力的總量有限，所以使用多少就會消耗多少。

2. 無論任務的種類為何，執行任務時所消耗的意志力是相同的。

意志力不是能讓我們盡情無限使用的資源。就像大量使用肌肉後，身體會感受到疲倦、無力一樣，意志力也會在使用過多後耗盡。工作時需要的意志力和減肥時需要的意志力是相同的，如果過度使用某方面的意志力，另外一方面的意志力就會所剩無幾。

減肥若只靠忍耐，注定會失敗

我們開始減肥時，內心總會滿著懷鬥志，立下這次一定要成功的決心。雖然這段期間計畫好不再吃以前那些美味的麵粉製品、甜點和外送食物等，但從我們決定不吃的瞬間開始，大腦就會變得更想吃這些食物。

想減肥的決心跟想吃美味食物的慾望互相碰撞著，讓我們開始自責「我為什麼一直想吃不能吃的食物？」，光靠意志力忍耐並非是件容易的事。明明一早就下定決心「今天絕對不吃！」但一整天因工作或人際關係而受到壓力，一到晚上我們的意志力便消耗殆盡。更糟糕的是，意志力在腦部葡萄糖供給不足時，就會消耗地更快。

我們大腦中負責意志力的部分是前扣帶迴皮質（扣帶迴皮質的前部）。大腦以葡萄糖當作燃料使用，前扣帶迴皮質

部位特別依賴葡萄糖。血糖數值降低時，這個部位的活動力也會急劇下降。當我們意志力已經因各種事情耗盡，加上飢餓感的產生，會忍不住也屬正常。等我們回過神來，就會發現自己在不知不覺中拆開零食包裝，將零食塞進嘴裡。「算了，我不管了。今天就破例一次吧！」我們會一面這麼想，一面放下背負一整天的壓力，開始大肆吃喝起來。

不太好的食物？要好好思考該如何吃

「減肥期間可以吃辣炒年糕嗎？」這是個錯誤的問法。我們應該問的是「我在減肥，但真的想吃辣炒年糕。該用什麼方法吃才能更健康呢？」

反正靠忍耐來減肥 100% 會吃敗。忍住不吃，結果口腹之慾大爆發後暴飲暴食，反而更容易變成易胖體質。忍到最後，就算真的變瘦了，一旦停止減肥，復胖現象也會瞬間找上門來。如果沒打算一路忍到死為止，就別強迫自己忍耐。只要找到正確的紓解方法，不刻意忍耐也能減肥。在完全不吃辣炒年糕，和在辣炒年糕中加入寬冬粉、炸物再加上炒飯，最後用冰淇淋來解膩，這兩者之間還有很多選擇。

如果想吃容易發胖的食物時，不要只是一味地限制自己，而是要調整頻率，並思考要怎麼吃才能吃得更健康。

當我想吃容易發胖的食物時，我會選擇搭配沙拉一起吃，以調整攝取的份量。有時候我會吃沙拉配辣炒年糕，有時候

我也會吃沙拉配披薩或炸雞。如果不搭配沙拉，只吃一點辣炒年糕，雖然熱量可能比較低，但飽足感卻不夠，讓我莫名還想吃點別的，最後總是會在吃下冰淇淋或是零食後後悔不已。

如果能在健康的食物與易發胖食物之間找到自己的平衡，就能同時享受吃東西的快樂和擁有苗條健康的身材。

要不要多吃點呢？
什麼時候該放下筷子呢？

你放不下筷子的四個原因

「早知道剛剛應該少吃點的。」

當吃太飽之後，我們常常會感到後悔。明知道自己不久後就會後悔，但要在適當的時機放下筷子確實很難。我們就算已經吃飽，還是會因為各種原因吃下更多食物。因為太好吃了、因為從小被教育不可以浪費食物、因為不吃完很可惜、或是覺得少吃一點可能等下就會餓等等，這些都是冠冕堂皇的藉口。

讓我們來具體了解一下，為何吃飽後還是放不下筷子的原因，以及該怎麼應對這些情況。

1 太好吃所以一直吃　　即使再美味的食物，過了一段時間後，味道也會逐漸變調。當感受到飽足感時，身體的飢餓

素分泌減少，促進飽足感的 PYY 和 GLP-1 激素分泌增加，會把食物變得沒那麼美味。但是如果第一口非常好吃，我們往往會執意將這道菜吃到最後。

在進餐過程中，嘗試持續評估這頓飯的感受。仔細觀察自己飯前有多飢餓，進食的過程中飽足感逐漸增加的感覺。專注在胃和嘴巴的感官上，思考每一口食物是不是都跟第一口一樣好吃。這樣可以避免無意識地一口接一口地進食，並更早發現放下筷子的合適時機。

2 因為不應該剩下食物　我們從小就被教育不要浪費食物。幾十年前，食物並不像現在這麼豐富，當時的確需要在有機會時多吃一些，以確保有足夠的營養。

但是教導人不要剩下食物觀念，只適用於物資匱乏的年代。在充滿各種食物的今天，我們需要的飲食教育是不讓自己吃太飽，並訓練預測自己的食量。在開始用餐前，先看一眼擺在眼前食物的份量，花 30 秒思考一下要吃多少、要剩下多少，並預先做出計劃。至於泡在湯裡的麻辣燙或麵疙瘩、刀削麵等湯水豐富的食物，光用肉眼難以確認份量，最好是先把要吃得分量盛到碗裡，再開始吃。

3 花錢買的食物，沒吃完很浪費　越貴的食物就越不捨得浪費。把錢花在吃不完的食物上也很可惜。看著完整的食物變成廚餘，心裡更會覺得可惜。但是，如果因為捨不得浪

費 2 萬韓元的炸雞而全部吃掉，之後可能會花更多錢在報名健身房上，對於吃不完的食物，要果斷捨棄。在已經吃飽的狀態下繼續吃，從長遠來看，這種行為不僅讓我們變胖、影響健康，還會產生更大筆的花費。只有經歷過這樣的斷捨離，才能讓你變得更慎重、更小心選擇。透過斷捨離的經驗，讓自己領悟到自己吃得下的適當份量，就能在準備食物的階段，只料理或點自己吃得完的量。

4 擔心晚點會餓到　我們經常會擔心餓了會不會變得無力、會不會無法專心或者會不會變得敏感，因此總是想讓肚子維持飽足的狀態。特別是「韓國人就是要吃飯」的觀念，會讓人覺得要多吃飯才會有力氣。我的媽媽跟外婆也常常跟我說，要多吃飯，讀書時才有精神。但實際上，當我吃完飯後，反而把精神都耗費在跟瞌睡戰鬥上。

為了防止餓肚子而多吃食物的想法，其實是在古代食物匱乏的時代才有用的策略。我們的身體進化出許多適應飢餓的機制，能在食物不足的環境中正常運行。然而，我們無法有效應對過度豐盛的食物，只要食物被過度供給，就會出現肥胖、糖尿病和高血壓等成人慢性疾病。

即使現在多吃點，也不代表能一直維持飽足感。當血糖快速升高，又急速降低時，我們可能會感到更加飢餓。如果你擔心會餓，就應該改善用餐習慣，吃下能長時間維持飽足

感的食物。

　　稍微有一點餓也沒關係，這不會讓你死掉。空腹時，我們的身體會從體脂肪中提取能量來用。並且還會因自噬作用，分解老舊的蛋白質並合成新的蛋白質。這些代謝活動越是活躍，我們的身體就會變得更健康、更強壯。

我可以用減肥藥減肥嗎？

減肥藥，幫助我們減肥的輔助工具

如果你因為食慾太旺盛，而難以忍受食物的誘惑，並且因為攝取增加食慾的食物如麵粉、糖、甜飲料和加工食品，而陷入食慾的惡性循環，難以開始減肥，那麼可以考慮使用輔助藥物來幫助你。

但僅靠吃藥並不代表可以輕鬆減肥。如果沒有改變飲食與生活習慣的意願，就一點用都沒有。就如同請再怎麼昂貴的家教，如果自己不願意讀書，成績也上不來，減肥也是如此。我們必須透過減肥找到最適合自己的生活習慣，並訓練自己讓身體習慣它。藥品就只是在這個過程中，幫助我們的輔助工具。就算一開始，借助輔助工具的力量開始減肥，也請記住，最終我們必須慢慢培養不依賴輔助工具的能力。

中樞性食慾抑制劑

在韓國一些常見的食慾抑制劑，如因為藥丸形狀而被稱為「雪人藥」或「蝴蝶藥」的芬特明（phentermine）和芬地美特拉辛（phendimetrazine）都是這類藥物的代表。中樞性食慾抑制劑會作用在交感神經系統上，抑制我們的食慾。當交感神經系統亢進時，人就容易因緊張而睡不著，食慾也會下降。同時，這些藥物還具有將能量供給給肌肉的功能，因此提高基礎代謝率。

然而，這類效果的作用時間非常短暫。在第四章介紹過壓力與交感神經系統的關係，慢性地提高交感神經系統的活躍程度，反而會不利減肥。如果長期使用興奮劑來人為地激活交感神經系統，可能會導致交感神經系統的疲憊，就像不斷拉伸的彈簧最終會失去彈性一樣。這相當於將未來的體重控制能力全部消耗在現在。

尤其是服用食慾抑制劑，以挨餓的方式進行減肥，大腦會把這種狀況視為身體同時面對壓力和飢荒。加上人體對食慾抑制劑有耐受性，越吃藥效也會跟著下降。最終可能會出現對食慾抑制劑的效果感覺不到的情況。當停掉食慾抑制劑之後，食慾就會變得比以前更激烈，連代謝都會下降，就更無法避免復胖。

如果身體質量指數超過 30，或是身體質量指數因糖尿病等危險因素超過 27，當肥胖會對健康產生威脅時，才需要服

用食慾抑制劑。但若是為外觀目的減重，就必須審慎考慮是否服用中樞性食慾抑制劑。

我在門診過程中，經常遇到想增加食慾抑制劑藥量，直到食慾盡失為止的患者。這絕對不是正確的服用方式。食慾抑制劑應該用於讓人對渴望的高熱量食物保持冷靜，同時進行健康飲食的訓練。濫用、誤用中樞神經系統藥品非常危險。

中樞性食慾抑制劑的代表性副作用有失眠、心悸、便秘、手抖和情緒變化等，會對日常生活造成極度的不便。有些醫院會為了解決副作用而開具安眠藥或安定劑等多種藥物。同時服用好幾種中樞神經性藥品，是非常不明智的做法。我們必須特別留意，不要為了減肥而做出危害健康的行為。

非中樞性食慾抑制劑，善纖達

善纖達（Saxenda）以「瘦瘦筆」名稱為大眾所知，本來是研究來治療糖尿病的藥物，但因食慾調節與增進代謝等效果，能有效幫助減重，被開發成減肥藥物。善纖達的成分利拉魯肽（liraglutide）類似吃飽時腸胃分泌的 GLP-1 激素。意思就是，只要打了善纖達，就算不吃東西，也能變成餐後對食物興致缺缺的狀態。對食物的渴望減低，就有機會不被食慾擺佈。

因為善纖達不是作用在神經系統的中樞神經性藥物，所以也不會有失眠、心悸、手抖、情緒變化等副作用。其代表

性副作用主要是噁心與過敏反應，但這些都能靠調整劑量來播免，不會引發嚴重的健康問題。

然而，如果只靠善纖達卻不改變以往的飲食與生活習慣，終究還是會復胖。就像服用中樞性食慾抑制劑的時候一樣，儘管食慾不會一次爆發，但我們還是會慢慢回到原本生活習慣對應的體重設定點。無論選擇哪種減肥方法，都必需要改變飲食與生活習慣，才能避免體重反彈。

未來預計上市的 Wegovy、Mounjaro 等都跟善纖達與 GLP-1 類似。善纖達需要每天施打一次，但 Wegovy 或 Mounjaro 的作用時間更長，一週或一個月打一次就可以。然而，當藥品越新，就可能有越多副作用尚未被揭露。作用時間越長，就可能要承受更大的副作用，這點我們必須謹慎。

沒有處方就能在市面上買到的減肥輔助劑

銷售減肥相關的產品非常容易。廠商販賣產品時往往會打出誇張的廣告，好像只要購買產品就能快速減肥，如果效果不佳，就只要將責任推給消費者吃太多就好。

然而，市面上沒有任何一種減肥輔助劑能像廣告中所宣稱的那樣有效。他們用難以閱讀的小字與障眼法，並用煞有其事的圖表呈現實驗或研究結果誘惑消費者。甚至有網紅因把未經檢驗的一般食品，包裝成健康食品，打出不實、誇大的廣告，而被食品藥物安全部處罰的案例。

這並不代表所有的健康食品都沒有用。如果我們吃健康食品，補足沒辦法光靠食物攝取的營養素，就對身體有幫助。我們的身體就像一個複雜的管弦樂團，要讓它奏出美妙的音樂，就必須付出整體性的努力。當我們努力獲得均衡的飲食與生活習慣，並以健康食品補足不足的部分，這時健康食品就能充分發揮其效果。

　　讓人一蹴可及的減重神藥並不存在。我們應該小心不要被誇大廣告所誘惑，浪費掉寶貴的金錢後才感到失望。

傾聽餐後身體的聲音

每個人吃完東西後的反應都不同

當初看唇膏顏色漂亮才購買,結果持久度爛到家,還很顯唇紋,這時你會怎麼做? 「白買了。只有顏色好看,其它都不怎麼樣。再也不要買這家的唇膏」我們會下定決心,下次購買前,不只要考慮顏色,更要慎重考慮持久度、保濕度和包裝等多方因素。

食物也是同樣道理。如果我們光靠美味與否,就要決定是否吃下某種食物,可能難以挑選到適合的食物。即便有很多食物雖然好吃,但會讓你消化不良、讓身體水腫、吃完容易餓或讓身體不舒服。就像我們購買唇膏之前會仔細比較一樣,想挑選好食物就必須省慎考量各種要素。

這些要素在每個人身上的影響力可能都不同。若想在吃下某種食物時,知道它是否適合自己,就必須觀察身體對該

食物的反應。

剛吃完～幾小時後

■ **是否會過飽**　有些食物特別難控制份量，容易讓我們吃太多。好好記住那些在飯後會讓肚子越來越飽脹的食物，下次吃的時候努力控制份量，不讓自己感到不舒服。

■ **腸胃是否不適**　有些食物在吃的時候還好，吃完之後會讓我們脹氣、消化不良。每個人的腸胃環境都不一樣，分泌的消化酵素的影響也不同。如果些食物讓你感到不舒服，就應該避免食用或找出健康問題並改善。試著仔細觀察是否有肚子痛、消化不良、腹部悶或脹氣等問題。

■ **是否會想睡**　如果「飽睏」的症狀嚴重，就可以視為我們的碳水化合物攝取量超出適當範圍。食物如果讓你在餐後感到無精打采和睏倦，那麼這個食物就不算是好的選擇。

■ **是否很快就餓了**　理想的用餐時間間隔為 4~6 小時。如果你感到餐後很快就餓了，可能是因為食物的量不足，或者因為食物使血糖迅速上升又迅速下降。當攝取足夠膳食纖維、脂肪和蛋白質的話，就能長時間維持飯後飽足感。

■ **是否有血糖下降的感覺**　攝取大量碳水化合物會導致血糖先上升後再下降，讓我們覺得缺糖。若為馬上為了立刻緩解這種感覺，馬上吃下能提高血糖的食物，就會陷入惡性循環。血糖再次暫時上升然後下降，身體會越來越依賴碳水化合物的代謝。如果常常感到缺糖的感覺，就應該減少甜食和碳水化合物的攝取量。

一天～幾天後

■ **食慾**　如果比平常更想吃東西，試著回想前一天吃了什麼。如果任意減少進食的量，腦部就會判斷饑荒到來，企圖提高食慾。就算攝取會引發胰島素抗性或瘦素抗性的食物，也會使食慾增加。尤其在酒後隔天，食慾可能會變得更加不穩定。

■ **睡眠**　如果過度飲食或在晚上很晚才進食，就會影響睡眠。有研究指出，除了咖啡因，攝取過量的碳水化合物也可能會減少深層睡眠的慢波睡眠（slow-wave sleep）時間。睡眠品質會影響食慾與胰島素、飢餓素等各種激素，進一步造成反覆發胖的惡性循環，還需特別小心。

■ **排便**　在進行減肥時，順暢的排便非常重要。減肥時，排便次數大多會因為食量減少而跟著減少。糞便在身體裡留

存太久不利於健康，而腹瀉也可能帶來問題。當腹瀉後，腸道黏膜形成速度變慢，增加發生腸漏症 * 的風險，也可能提高全身的炎症指數。我們應該攝取豐富的優質脂肪、膳食纖維和充足水分，以保持規律的排便。

■ **水腫**　過量攝取鹽分的食物會導致水腫。這是因為體內鹽分多時，身體就會為了維持滲透壓，而不將水分排出體外，反而是將水分留在體內。像這樣容易浮腫和血液循環不順暢時，會影響代謝廢物排出體外，導致引發炎症，成為變胖的原因。

■ **皮膚問題**　精緻碳水化合物與劣質脂肪不只會妨礙減肥，還會刺激皮脂分泌。

幾天～幾週後

■ **身體狀況**　好好觀察身體是否感到暈眩或沒有活力。我們不能忽視眼皮跳、過度畏寒或冒冷汗等症狀。必須留意是否出現因營養素不均衡引起的症狀。均衡攝取營養素可以在減重期間保持充沛的活力和良好的狀況。對健康有害的減重方法對身體不好，而且通常也難以持久。

---

* 腸漏症候群又稱腸道通透性增加。是指腸粘膜細胞出現漏洞，腸內的壞菌或是食物分子，會從縫隙流進血液中，讓毒素進到體內。

■ **月經**　如果月經週期變慢、變快或是變得不規律，就代表健康亮起了紅燈。試著檢查是否過度減重，或是出現激素失調的狀況。如果經痛比平常嚴重許多，就可能因攝取過多環境激素成分導致。這時就必須減少加工食品的攝取，增加攝取膳食纖維。

■ **性慾**　如果我們的體重減到比我們身體認為必要的體重設定點還低時，大腦會覺得這是個相當不妥的狀況。在能量不足的狀態下懷孕，可能會威脅生命，所以大腦會降低性慾。如果減肥的時候感受到性慾減退，就代表體重設定點並未降低。請記住，若我們無法降低體重設定點，就會變成易胖體質，並經歷復胖現象。

■ **皮膚、頭髮與指甲**　如果皮膚、頭髮與指甲變得乾燥，就是營養素不足的證據。當營養素不足時，身體為了將營養素優先分配到需要的地方，就會犧牲皮膚、頭髮跟指甲。若要活躍身體的新陳代謝，就應該充分供給碳水化合物、脂肪、蛋白質，以及各種維生素與礦物質。

如同我們在購物後，會在實際使用商品後寫下心得一樣，你也需要評斷自己吃下的食物對身體產生什麼影響。若在吃完東西後，不仔細觀察身體的反應，就無法正確地區分它們。盡量定時規律的用餐，這樣可以更容易進行比較。根據記錄

自己吃下的食物，以及吃完食物後幾小時後產生什麼感覺，
就能找到適合自己的模式。

第六章

你除了吃以外還要控管的日常習慣

間歇性斷食，空腹時間的必要性

一天一餐的泰國僧侶為何過重的原因

《一日一餐的健康奇蹟》這本書受到矚目後，限制一天內只能吃一餐，在那一餐中盡情享用自己喜歡食物的飲食法曾蔚為流行。 這個理論認為，儘管一天一餐吃得再怎麼多，攝取的熱量也比三餐來得少，因此有助於減肥效果。

但是，我們從泰國僧侶身上可以看到，錯誤的間歇性斷食，反而會誘發肥胖。泰國僧侶因宗教原因，一天中只在早上六點到中午之間吃上一餐。然而，在 35 萬名僧侶中，有 48% 以上不是體重過重就是肥胖的問題。糖尿病、高血壓和關節炎等病例屢見不鮮，肥胖比例也比飲食習慣普通的泰國男性高出許多。如果一天只吃一餐能幫助減肥，那泰國僧侶全都應該要很苗條才對。

泰國僧侶每天早上六點，都會托缽接受食物或物品供養。

虔誠的泰國佛教徒們為了給僧侶們提供最美味的食物，通常傾向供養油膩或是甜味的刺激性食物。僧侶們必須用缽裡一餐的食物撐過一整天。因此，他們會把獲得的食物吃得一點也不剩。中午過後，雖然不能吃任何食物，但飲料被排除在外。信徒們為了慰勞挨餓僧侶的辛勞，提供他們果汁或碳酸飲料，而僧侶也很愛喝這些飲料。

　　這樣的飲食習慣不能被稱為間歇性斷食，我們應該稱它為「間歇性暴食和持續含糖飲料的攝取」。像這樣只限制吃東西的時間，不在意食物品質的方法，就是錯誤的間歇性斷食。

斷食期間體內出現的正向反應

　　若想正確進行間歇性斷食，就應該正確理解間歇性斷食的目的。間歇性斷食的目的，不單只是透過限制吃飯時間，減少攝取的熱量。而是為了帶出那些空腹時間拉長時，體內發生的有益反應。

　　當超過12小時以上不透過血液供給營養素（如葡萄糖），身體就會透過燃燒脂肪代謝獲得能量。這會使脂肪燃燒的激素被活化，不僅能減少體脂肪，也能提高身體的代謝靈活性。

　　在斷食期間，細胞會發生自噬反應。當我們體內老舊受損的細胞被消化系統分解，就能延緩老化並改善新陳代謝。斷食時，胰島素阻抗也能獲得改善。胰島素阻抗提高時，就

必須分泌更多胰島素來處理相同份量的碳水化合物，我們也就變得更易胖，罹患糖尿病的風險也提高。

間歇性斷食也有助於改善大腦功能。斷食時，腦細胞製造的腦源性神經營養因子 *（BDNF）數值提高。當 BDNF 生成時，就會促進生成新神經迴路，有助於提升學習能力和記憶力。生成新的神經迴路，也有助於把有益減肥的行為變成習慣。間歇性斷食期間，免疫細胞活化，減少炎症反應，免疫功能也因此提升。

間歇性斷食，比起空腹時長，吃了什麼更重要

如果吃下的食物，會促進身體分泌出與斷食期間分泌的激素相反的激素，那斷食的效果就會化為泡影。當間歇性斷食結束後，吃東西時不僅要注意卡路里，更要關注食物的品質。

---

* 腦源性神經營養因子（Brain-Derived Neurotrophic Factor）或腦神經生長因子。BNDF 分泌增加時，腦的短期記憶會變成長期記憶，整體提升認知功能。

在斷食期間，雖然我們應該充分攝取水分，但應該避免碳酸飲料或運動飲料等含有糖分的飲料。這類飲料會促進胰島素分泌，讓我們無法享受斷食帶來的好處，例如，改善胰島素和瘦體素阻抗等效果。尤其是有甜味但能量為 0 卡的飲料，會使大腦在制定身體能量分配時陷入混亂，提高我們的食慾。若在斷食一結束後，就盡情吃炸雞、披薩、辣炒年糕等食物，就容易像泰國僧侶一樣變得肥胖。

一開始就168可能會有點難

在日常生活中，168 是最容易達到的間歇性斷食法。 168 就是在 16 小時內保持空腹，在剩下的 8 小時內攝取食物。剛開始時，如果覺得 16 小時太長，可以從 12 小時開始慢慢增加。把平常吃晚餐的時間稍微提前，降低吃宵夜的頻率，就不會覺得這麼難了。

但 16 小時空腹對某些人來說可能會有點勉強。尤其是備孕、懷孕中或哺乳中的女性，以及成長期的兒童與青少年，更應該慎重對待。間歇性斷食並沒有固定答案。每個人的身體狀況跟生活習慣都不同，試著尋找對自己身體狀況來說不會過度勉強，也可以長期遵守的最佳空腹時長。

用運動培養身心的肌力

動得越少，大腦功能越差

我們通常會把思考跟運動視為兩件不同的事。 我們會覺得思考的事情動到的是腦，運動的事情動到的是肌肉。我們預設了一個觀念，就是當我們進行運動時，大腦並不會積極干涉。但真的是這樣嗎？

例如，小海鞘體內有原始型態的大腦與神經系統。小海鞘會在海中徘徊，尋找定居的地方。當牠找到要定居的地方，就再也不需要移動，這時小海鞘會把自己的腦吃得精光。這是因為牠不需要再消耗能量在管理大腦與神經系統上。對牠而言不需要運動的大腦也沒存在的必要。海鞘的大腦是為了運動而存在。

包含人類在內所有動物的身體，都是為了運動而被設計出來的。大腦的運作也是以身體的運動為基礎。畢竟大腦是

為了運動而被創造出來的器官，大腦需要來自肌肉和關節的運動訊號，才能保持正常功能。

我們的肌肉與關節有種名為本體感受器（proprioceptor）的偵測器。例如，閉著眼睛，展開手指，讓五根手指不彼此接觸後，再稍微彎曲手指試試。完全展開手指，以及稍微彎曲手指時，手部感受到的感覺一定有差異。這是不同於觸覺的另一種感覺。像這樣感受關節與肌肉狀態的感覺，被稱為本體感覺（proprioception）。我們的大腦不斷接收來自全身的這些感覺信號。現代人日常生活中動得太少，大腦應該正常接收的本體感覺訊號變得太過單調。在這個狀態下，大腦原本功能就無法進行有效的運作。

運動有助於分泌有益減肥的激素

運動比任何藥物更能有效治療憂鬱症。罹患憂鬱症的人大腦功能會變得遲鈍，要治療憂鬱症，就必須讓大腦保持活躍。運動能刺激活化大腦的神經細胞，使前述的 BDNF 腦源性神經營養因子分泌，有助於神經細胞再生。

不只是這樣，運動時會大量分泌腦內啡、血清素等激素，並減少「壓力激素」皮質醇的分泌。也有改善胰島素阻抗的效果。這是因為胰島素發揮作用，把能量導入肌肉細胞。分泌這種物質時，大腦的運作方式也會跟著改變。若發出這種訊號，體重設定點就會被調低，身體會變得更加充滿活力和

精力。

　一些看似對消耗熱量沒有幫助的小動作，也能正向影響大腦。散步也好，伸懶腰也不錯，尤其是伸展運動，能喚醒本體感覺。科學已經證實練習瑜珈，能帶給大腦正面影響。

找到適合自己的運動

　我們先不管運動的熱量消耗量。首先要找尋那些容易進行且能夠帶來樂趣的運動。無論是獨自進行還是和他人一起、靜態還是動態的運動，無論是在家還是在健身中心，都有適合自己的運動方式。就算是以前失敗過的運動，也可以嘗試在不同地點，由不同老師用不同方式學習，還是可能會找到樂趣。對於不喜歡運動的人來說，建立與運動相關的良好經驗是關鍵，不妨試著跟朋友吵吵鬧鬧地登山，或是在豪華酒店的游泳池中嬉戲。

　我曾經在夏威夷旅行的時候，參加過公園草地上的瑜伽課。當時我完全不會瑜伽，柔軟度也糟糕透頂，大腿也只能張開 70 度，但既然都到夏威夷，我就莫名地想嘗試看看。在草地鋪上瑜珈墊，躺下呼吸新鮮空氣，看著風中搖曳的棕櫚樹，感到非常的幸福。從此以後，對我來說，瑜伽就是夏威夷草地上的記憶。以這份記憶為基礎，隔年夏天，我才能在身體狀況不佳的時候開始做瑜伽。我帶著在夏威夷買的保溫杯裝水，邊上著瑜伽課，邊想著「如果哪天回到夏威夷，一

定要帥氣地做瑜伽。」用這個心態上著課，也讓我漸漸喜歡上瑜伽，也讓瑜伽老師、服裝和音樂都變得更加可愛了。在不知不覺中，我開始喜歡上瑜伽，也更喜歡做著瑜伽的自己。透過這類美好經驗，就算不多，也能產生好感。試著在這份好感發芽後用心栽種它，讓它能茁壯長大。

跟著喜歡的人做他認為有趣的運動，也是一種好方法。了解他為什麼喜歡這個運動，並試著跟他感受同樣的事物，可以幫助你更加打開心扉接受運動。

我們沒有必要刻意追求運動技巧的完美，即使運動能力原地踏步，我們的身體還是會分泌激素。運動後心情變好，不是因為那天做得多好。而是因為我們讓身體動起來，分泌出改善心情的激素，把我們心情變好。

但飲控還是比運動優先！

如果真的很討厭運動、覺得運動很累，就沒有必要勉強去做。那只是因為自己還沒準備好要運動。同樣的運動，對某些人來說可能很輕鬆，但對另一些人來說卻很費力。當體重設定點過高，從肌肉中取用能量的能力較低，或是在新陳代謝能力低弱的狀態下運動，會讓人更疲憊。如果運動能力顯著下降，就必須優先改善代謝狀態與激素分泌。在這狀態下勉強運動，反而會讓運動後的食慾增加，降低基礎代謝率，就享受不到減肥的效果。

如果一定要在運動與飲食控制中擇一，我會無條件選擇飲食控制。如果在飲食習慣完全沒改變的狀態下強迫運動，只會面臨既不願運動又無法吃想吃的食物的雙重痛苦。如果在邊運動的同時繼續隨意進食，反而會讓體重上升。這是因為把意志力都用在不想做的運動上，就沒有足夠的意志力可以用在飲食控制上。

如果透過飲食控制改善身體代謝狀態後，運動也會變得輕鬆。而且味覺也變得單純，運動後即使吃健康的食物也會覺得美味。運動後感到飢餓，進入即使吃石頭也覺得美味的狀態，在這種情況下吃平時不太喜歡的食物，甚至可能會覺得那種食物也很美味，因此這是改變味覺的絕佳機會。

對於繁忙到難以另外騰出運動的時間的人來說，越應該先開始飲食控制。尤其連睡覺時間都沒有的情況下運動，反而適得其反。在深夜進行激烈運動身體會分泌腎上腺素，使身體過度興奮，反而會妨礙睡眠。如果太早吃晚餐，夜裡可能會因為飢餓而難以入睡。如果只在深夜有空運動，建議以增加肌肉放鬆的運動為主，這比硬是燃燒熱量的運動還舒適有效。

用運動培養身心的肌力

當我運動時，確實會感受到身體不聽使喚。看似不難的動作，親自嘗試後就會發現並不是那麼容易。 不僅僅只有我做不到，其他人也是在經歷類似的難關後，克服了它們。就算疲憊也不絕望地努力嘗試，終有一刻會發現自己也能輕鬆完成曾經感到困難的動作，從之獲得寶貴經驗。

因此，在運動的過程中，也能用「是啊，也是可能會這樣的」的接受心態看待做不到的事情，培養出內心的力量。透過這樣的身體體驗後，也會隱約感覺到人生也是如此；努力認真的生活後，也會在不知不覺之中變得更好。運動對於培養人生的心理韌性帶來極大的幫助，讓我們擁有能接受並戰勝困難人生的心態。

不用跟運動選手一樣厲害

開始運動之後，慾望也會一點一滴產生。既然都做了，就想做得更好；看著厲害的人，也希望自己變得跟他一樣厲害。然而，我們真的有必要透過運動去測試自己的極限，甚至超越極限嗎？我們是為了健康而運動，表現出色並不是我們的目標。要記住，不能本末倒置。

即使不那麼賣力，只要持之以恆，時間長了自然會變得熟練。我在學瑜伽後開始學游泳，也從一位 80 多歲的奶奶身

上，嗅到游了 30 年以上的高手氣息。奶奶激勵一位連漂浮都有困難的 50 多歲阿姨，說只要持續練習，就會越來越好。事實證明，過了約六個月後，無論一開始學習的速度如何，大家的程度都變得差不多。如果那位阿姨從一開始就過度賣力，反而可能會因心情煩躁而提早放棄。

就算不是運動，需要我全力以赴和下決心去做的事情還有很多。如果勉強運動的話，可能會增加受傷的風險，也可能疏忽了真正重要的事。如果太拼命運動，還有可能對它感到厭煩，變得連動都不想動。運動是為了身體健康，必須做一輩子的事。所以持續性也很重要。我們應該把運動變成一件 CP 值高的事，用適當的努力換取最高效果。

睡不好的時候，體內的惡魔就會甦醒

既然都沒人干涉，就可以隨便睡吧？

小時候，我經常要求媽媽哄我睡覺。特別喜歡媽媽念故事書給我聽，常常邊聽邊打瞌睡。即使這些故事內容我都聽得滾瓜爛熟，但睡前聽故事還是讓我覺得十分有趣。因此，睡前聽媽媽念故事書，成為我專屬的睡前儀式。一直到睡著的瞬間為止，我都能做著自己喜歡的事，並且做著好夢，睡得非常香甜。

現在我長大了，再也沒有人哄我睡覺。必須自己想辦法睡著。什麼時候睡、什麼時候醒也都靠自己決定。睡前要做什麼事也都隨我意。畢竟沒人干涉，所以不知不覺就過得非常隨便。我常常躺在床上用手機看 YouTube 或 Instagram 超過一小時，或是無意義地玩著手遊。我清楚地知道睡前看手機不是件好事，也明白如果那段時間拿來睡覺，隔天的精神

狀態也會更好。但是，這卻不像想像中那麼容易改變。

睡眠不足讓減肥計畫變得徒勞無功

在減肥時，特別需要注重良好睡眠。在睡前來回顧一下今天的一天。例如，今天一整天過得如何？有新領悟到什麼嗎？有那些做得好或做不好的事？大腦在睡眠期間會製造出新的神經細胞，並連結神經迴路。今天的情感、思考和行為會在睡眠中轉化為長期記憶，睡前用什麼心情想什麼事，對潛意識會帶來很大的影響。睡前稱讚一下今天辛苦的自己，回想一些值得感謝的事，保持積極的思維，讓自己開心地入睡。這樣，睡眠中的大腦就會得到改善，明天將會是更好的一天。

睡眠之所以重要的原因還有很多。我們的大腦會透過分泌褪黑激素管理日夜週期。褪黑激素會在沒有光線進到視神經時分泌。它不只讓我們在入夜後入睡、在天亮時起床，還會影響人體新陳代謝。褪黑激素能提高瘦體素的敏感度，擔任降低「壓力激素」皮質醇的角色。如果生活不規律、日夜顛倒，就會減少褪黑激素分泌，變成易胖型體質。

有研究結果指出，即使僅僅一天的睡眠不足，也會導致皮質醇數值增加和胰島素抗性提升。因此，只要睡眠不足，即使再怎麼認真控制飲食或運動，脂肪都不會輕易從身上離開。就算攝取食物的份量相同，身體也會因胰島素抗性分泌

更多胰島素，合成更多脂肪。睡眠不足會提高食慾，使得飢餓感更加明顯，進而讓減肥也變得更加困難。

優質睡眠的7個實踐方法

1 確保最基本的睡眠時間　儘量確保每天七小時以上的睡眠，最好能涵蓋從午夜 12 點到早上 4 點的時間。很多人會在恣意揮霍白天時間後，直到睡前才趕著做該做的事，結果導致入睡時間延後。珍惜睡眠時間，努力不減少睡眠時間，就能更妥善運用白天的時間。

2 制定睡前例行程序　建立睡前一套必做的幾件事打造規律。在睡前平靜地進行一些固定行為，就會產生安心的感覺，也有助於建立規律生活。我在睡前都會先卸妝，稍微按摩一下脖子跟肩膀後伸展身體，接著躺在床上讀書或聆聽有聲書緩緩入睡。你可試著尋找睡前能安定身心的專屬規律，例如，洗熱水澡、喝無咖啡因的茶、伸展運動、自我按摩、寫日記、讀書、冥想等，幫助放鬆身心。

3 睡前情緒管理　大腦狀態會隨著睡前的想法而有所不同。不無論今天經歷了什麼，入睡時絕對不能有負面情緒。當有負面情緒的時候，就一定會產生負面思想。若這種負面思想在睡眠中鞏固於神經迴路，會為自己帶來不好的情況。

為了能讓自己隔天從愉快中醒來,睡前應該想一些正面開心的事,不能帶著焦慮或是煩惱的狀態入睡,就算今天再不順利,明天也可能有所改善。我推薦聽一些讓心靈平靜的音樂,或是聆聽自我肯定小語入睡。

4 睡前 1 小時遠離 3C 產品　躺在床上看著 3C 產品螢幕會降低睡眠品質。因為螢幕上的藍光會影響睡眠。我刻意把本來放在枕頭邊的手機充電器從床上移開,現在把手機插上充電器後再爬上床,就再也不會在床上看手機了。

5 營造舒適的睡眠環境　投資在臥室就能提高生活品質。試著把寢具洗滌得更乾淨,並找到適合自己的枕頭。好好管理光線、噪音和手機通知,別讓它們妨礙你的睡眠。把臥室的溫度維持在 18 ～ 21 度之間。臥室環境越舒適整潔,面對睡眠的心態也會改變。

6 減少咖啡因攝取　我的患者中有些人難以入睡或中途醒來就難以再次入睡,因此想拿安眠藥處方。當我問他們一天喝多少咖啡時,發現有些人每天都會喝 3 ～ 5 杯以上,即使不喝咖啡也會說自己原本就睡不好。睡眠品質不佳,在拿安眠藥處方前,請務必先戒除咖啡因。吃安眠藥會讓人早上起不來,就算醒了也會因為精神恍惚而喝咖啡,入夜之後又睡不著,必須增加安眠藥劑量,就形成惡性循環。如果沒

辦法完全戒掉咖啡，那就改喝低咖啡因咖啡，並注意下午 4 點後就盡量別喝了。

7 有睡眠相關疾病就進行治療　睡眠呼吸中止症指的是，睡眠中呼吸暫時停止，導致缺乏足夠氧氣供給的狀態。這會降低血液中的氧氣濃度，影響深度睡眠，且睡眠質量非常差。不只如此，它與腦中風、心肌梗塞、心臟衰竭等疾病有高度相關，請務必接受治療。即使是打呼或磨牙等輕微症狀，可能也會成為妨礙舒適睡眠的因素，建議透過診斷與治療改善。

根據自己的身體狀況
量體重的方法也要調整

減肥時該怎麼量體重呢？

有些人建議每天量體重，有些人說一週量一次就好。又有人說體重不重要，只要檢查體態就好。這些建議各不相同，讓人感到困惑，不知道應該怎麼做才好。

通常我們會用「從現在開始減10公斤」或「減到55公斤」等具體數字制定減肥計劃。而我們為了達到這個目標，會以量測體重來檢查自己是否按照計劃進行。

但我們必須改變這個想法。體重是健康飲食與生活習慣帶來的結果。因此，它並不會這麼即時出現變化。如果我們想經歷根本性的變化，就需要一些時間。因為對體重不滿意，把改變體重當成目標，如果只執著在這件事上，可能就會迷失方向。體重只是數字，在身心都健康的情況下達到自己想要的狀態才是重要的。

CASE 1 | 體重機數字讓你生氣就別量

　　有些人每天量體重，只要降了 0.3 公斤也會歡呼，多了 0.3 公斤就會感到生氣。若你的心情被體重計的數字左右，乾脆不量體重還更好。 容易被體重計數字動搖的人，看到自己瘦了 0.5 公斤，可能就會覺得「今天多吃一點也可以」。相反地，只要體重稍微增加，就可能會覺得「我認真減肥也沒用，今天就隨便吃吧」，而吃下更多東西。

　　我們不可能在一個月內就讓財產從 500 萬增加到 1 億元。想依賴運氣或意外收穫的心態，難以實現自我改變。我們需要時間等待根本性變化到來。立即要做的不是確認體重的變化，而是確認自己是否有往正確的方向努力。看著鏡子端詳身體變化，檢查身體是否有浮腫、皮膚是否失去彈性或氣色不好等才正確。持續試穿剛剛好或是稍微緊身的衣服，觀察衣服是否鬆了也是一個好方法。

　　這麼一來，就能一面檢視自己是否往正確的方向前進，同時不失去持續努力的心態。

CASE 2 | 目標只差3公斤就一週量一次

　　如果已經瘦了一定程度，離自己的目標體重只剩 3 ～ 5 公斤的話，量體重就會有所幫助。這是為了確認自己的身體狀態，以及對應的體重大概是多少。

制定減肥目標時，我們可能會盲目地想減到 50 公斤。然而，實際減肥後，就會發現目標體重的體態，會根據你的身高、骨頭重量、肌肉量、肩寬、臀寬或頭型等因素，目標體重可能就不是自己的最佳體態。

相比體重，更重要的是體脂肪和肌肉的量。相同身高的情況下，70 公斤肌肉多的人，不太可能看起來比 50 公斤沒肌肉的人還苗條。但是，55 公斤肌肉多的人，會比 50 公斤沒肌肉的人看起來要苗條和緊實。

有些人覺得自己已經減了很多體重，但卻沒有顯著下降，因而造成壓力。這種情況之下，代表可能是你的肌肉量增加，所以不須因此感到壓力。我們追求的是身體能展現出的美麗型態，而不是具體的體重。

聽到「看起來很苗條，但是體重比想像中更高」不需要因為這種話感到羞愧。這代表你有更多的肌肉和更緊實的身材。如果減了一定程度的體重，就不妨偶爾量量體重，試著讓自己適應數字的變化。

CASE 3 │ 想維持體重就在每天早上空腹時量體重

在減肥成功後維持體重的過程中，每天早晨空腹時量體重是一個良好的習慣。根據美國體重管理研究所（National Weight Control Registry, NWCR）指出，結束減重後還能維持體重的人，大部分都會養成每天量體重。我也會在每天早上

空腹的狀態量體重。如果前一天晚上吃得較多，在上排便前，體重通常會有所增加。但這不代表著體脂肪增加，通常是身體合成肝醣導致體重上升的結果，比單純因體脂肪使體重增加更大。

如果體重在短期內回到正常水平，則通常無需擔心。但如果不量體重而不多加注意，放任自己反覆飲食過量或是吃下對身體健康的食物，則體脂肪就真的可能會增加。以我自己的標準來看，若體重增加 2 公斤以上，我就會避免攝取精緻碳水化合物，或是劣質脂肪、酒精和加工食品。若持續攝取這類食物，就可能產生瘦體素抗性，使體重設定點提升。

絕對禁止每天量好幾次體重

早上量完體重後，有些人會在餐後又確認到底增加多少，上完廁所後又確認體重是否下降、運動後又確認體重是否有變化。這跟想變有錢，卻每天確認存摺餘額十次以上沒什麼兩樣。每次花錢購買食物、支付管理費、購買日用品時，都會檢查帳戶餘額，並因為感覺變窮而感到絕望。減少不必要的支出，雖然有助於變富有，但即時確認帳戶餘額只會讓自己壓力更大而已。

每喝下 500 毫升的水會讓體重增加 0.5 公斤。上大號之後，體重就會下降大概 0.2 公斤。但這不代表變胖或變瘦。在體脂肪不變的狀況下，體重會隨著水分的變化而有所波動。

我們減肥時要關注的是體脂肪的變化。

讓體重產生變化的代表性因素是肝醣。肝醣是儲存葡萄糖的一種方式，用來應對葡萄糖的需求。當攝取碳水化合物時，葡萄糖的一部分會以肝醣的形式儲存於肝臟和肌肉中。我們體內存在著一定量的肝醣。當吃得少或是乾脆不吃時，身體會優先從肝醣分解出能量使用。若要把 1 公克的葡萄糖儲存成肝醣，就必須一起儲存 3 公克的水。因此，當消耗肝醣時，水分也會一起被排出，使體重暫時下降。然而，體內的肝醣再怎麼重也就 3 公斤左右。這是為什麼我們挨餓減肥，可以輕鬆減掉 2 ～ 3 公斤體重後，就再也降不下來。

體脂肪比肝醣要難減許多。就像剛剛解釋過，我們的大腦會計算出維持生存所需的最佳體脂肪量，並試圖保持這個量。如果不努力降低大腦計算的體重設定點，只想方設法減掉體脂肪，減肥停滯期後必定會迎來復胖的問題。大腦計算的體重設定點，不會以小時或是天為單位改變。要持續食用可成為降低體重設定點訊號的食物，避免壓力並維持規律生活習慣，這樣體重設定點就會逐漸降低。

所以，還是別做一天量好幾次體重這種事了吧！這只會讓你壓力大，容易使體重為自己帶來過度焦慮。別忘了減肥必須以輕鬆的心態，按造自己的步調持續穩定進行才行。

出現好的變化時，請獎勵自己

如果沒有立即性的獎勵，大腦就會想罷工

《The Leading Brain》的作者暨神經心理學家弗里德里克·法布里蒂烏斯（Friederike Fabritius）指出，「我們的大腦已經進化成，如果我們沒有立即提供明確的獎勵，它就會把大部分的變化認知當成威脅。」大腦會警戒並抗拒新的行為。這是因為做著熟悉的行為，可以節省能量，但若突然出現大變化，就必須承受改變當下能量分配的風險。因此，我們雖然理性知道某事是好的或必要的行為，但卻不願意做的原因，就是來自這裡。

大腦若從某行為中獲得滿足感，就會喜歡上這個行為，並試著在下次重複執行。過量飲食、飲酒、吸菸和使用社群媒體都能即時提供滿足感，而壞結果則是未來才會逐漸顯現。

相反地，健康的飲食、運動、閱讀和英語學習等好習慣，

不能在當下帶來肉眼可見的獎勵，期待的結果出現的速度緩慢。今天運動一個小時，身體不會立刻變好。

　　若要讓大腦不抗拒新的行為，就必須提供滿足感。要想養成新的好習慣，我建議可以追加提供獎勵給大腦，讓它覺得滿足。

能讓大腦滿足的小小獎勵

　　要給大腦滿足感不是件難事。只要準備裝置，在成功時給予小小的獎勵，讓大腦接收到成就感就足夠了。制定每一天要做的最小幅度行為，並在完成該行為時就稱讚自己。僅僅用「做得好」或是「有達成計畫，很棒喔」等正向的話語，就能讓大腦感到非常滿足。

　　製作一個檢查清單，並在成功完成後貼上貼紙或是劃掉，也很有幫助。不僅能得到「達成」的滿足感，隨著累積成功經驗，自信心也會跟著成長。坊間有許多幫助飲食控制及減重的 APP，能幫助你制定 30 天內想達成的目標，也能留下簡單的評論，使用起來不會感到負擔。只要自己寫下飲食日記，吃下健康食物時寫些稱讚自己的話也很不錯。

　　使用金錢作為激勵也是種好方法。你可以設置一筆金額作為挑戰的保證金，並在挑戰成功後取回這筆錢。例如，每天做伸展運動或喝 2 公升的水等。想慢慢領回自己寄放的錢，就不能忘記挑戰，一定要每天確實完成才行。把這類小裝置

當做一種動力，反覆執行新的行為，不知不覺就會習慣那些行為，而行為也變成了習慣。

　　如果你有一個想做的行為，但只是模糊地想要自我約束，通常很容易失敗。例如，你有叫外送的習慣，只要在想叫外送的時候，就存入相應金額的錢。這樣一來，你不僅避免了不必要的支出，還可以將存下的錢用來購買自己一直想要的物品，這會帶來滿足感和成就感。

　　正確的減肥結果需要時間來顯現。如果你心中的結果只有得到想要的身材、想要的體重，就很有可能半途而廢。若想減肥成功，在減肥途中也要收穫成就感。不只如此，減肥結束後，為了維持體重，也必須將健康的行為融入日常生活中，這樣才能讓這些行為成為你的習慣。

成為幫助別人減肥的人

因為顧慮別人就吃得更多？

跟別人一起用餐時，就必須配合整體氣氛。尤其當用餐速度不同時，就很容易感到不自在。我如果已經吃完想吃的量，但這時對方還在吃，可能會受到影響會再多吃一些。相反地，如果對方吃得太快，我也不得不加快速度。有時候，即使自己不太想吃，但如果對方想吃點什麼，就必須一起跟著吃。

我們不應該因為顧慮他人的感受，而忽視自己的健康。若出現無法避免的狀況，那就只好接受它。但在日常生活中，不能因為過於顧慮和他人一起吃飯的場合，而犧牲自己的健康。身邊人們的飲食習慣會深深影響我們。如果好朋友中有肥胖者，我自己肥胖的機率就會提高 170%。因此，應該思考一下周圍的人們是否有助於我的健康和減肥。如果處於周

圍只有會妨礙減肥的人，雖然很遺憾，但我們還是需要更加努力。

跟身邊的人分享變健康的方法

就算身邊沒有正在減肥的人，但我們在網上可以找到有相同想法和目標的人。與志同道合的人組成團體並共同進行類似的行為，可以獲得穩定感。若出現能一起挺過孤單減肥路的同伴，焦慮程度便會大幅下降，這種支持比想像中還有幫助。

此外，應該思考自己是否在他人的減肥過程中扮演了幫助者還是阻礙者的角色。如果身邊的人有著健康的飲食與生活習慣，我們就一定會受到正面的影響。如果周圍環境無法提供良好的影響，那麼不妨考慮自己成為領導者，努力給周圍人帶來正面的影響。

沒有人想擁有不健康又肥胖的身體。大家只是因為不知道如何下手而覺得困難而已。把減肥與健康的相關新知分享給身邊的人。在教導別人時，自己也會學到很多。雖然這不是一件容易的事，但如果你有足夠的毅力去改變自己及身邊人的健康，那就一定能成功減肥。

今天吃了錯誤的食物也無妨！

拋棄悲壯的覺悟，從小行動開始

不知不覺已經來到本書的尾聲，剛開始寫稿的茫然感依然歷歷在目。那時重新接觸大量的知識，整理需要的資料，並把我想表達的內容整理成目錄。這一切到這裡為止，都還進展的挺順利，執行起來也還算輕鬆。然而，真正開始動筆時，卻發現自己真的連一個字都寫不出來。

腦海中有無數想說的話，但一想到要梳理成「文字」形式表達出來，就不知道要從哪裡開始、也不曉得該說什麼，幾天來，我一直在苦惱，寫了幾句話後又立即刪除，反復如此，只能盯著電腦上的空白螢幕發呆。向周圍的人尋求幫助時，他們都不約而同地說「別一直想著要完美，先隨便寫些東西。」我也覺得應該這樣。然而，我一直沒辦法甩掉「至少要寫的讓它像一本書吧？」這樣的想法。

心中壓力越大，雜念也跟著一起滋長。「我現在好像還沒準備好！要多找點資料嗎？這麼辛苦地寫書，萬一沒人看怎麼辦？」，後來甚至還懷疑「我真的適合寫書嗎？」最終，這些疑問讓我陷入自我懷疑的深淵。

直到有一天，我突然領悟，自己的狀態就跟一個從未畫過畫的人，一起步就決定要畫《蒙娜麗莎》是一樣的。認真觀察、分析、研究《蒙娜麗莎》，把需要的顏料跟工具都弄到手，完成了所有準備；但要一個從未提過畫筆的大菜鳥馬上畫出《蒙娜麗莎》，只讓他感到茫然，進入什麼都做不了的狀態。而這正是我當時的處境。

當我改變心態，告訴自己「那就先畫個簡單的火柴人吧」，才終於能夠開始寫作。我反覆這麼想著「現在我寫的文章跟火柴人沒什麼兩樣，不滿意的話就再重寫就好。」在這樣的心態之下，我竟然寫出了幾個章節，原本火柴人變精緻的速度比想像中還快。

我們不需要更大又厲害的努力

在開始減肥前，我們的心態不是也跟這種情況差不多嗎？當決定要維持完美飲食計畫，並每天去健身房兩小時運動減肥，要是沒有懷抱著悲壯的覺悟跟決心，是沒辦法開始減肥的。越是想著這次一定要成功，心理負擔就越大。

但這樣想是錯的。我們並不需要為了減肥，付出比以往

付出過的努力更大、更厲害的努力。只要改變跟本來不一樣的做法，就能成功減肥。

我們不能一開始就想要做得完美。如果一開始就想用過於完美的飲食和運動來減肥，要達成自己設定的目標，就會變得太過困難。在這個狀態下，即使在某天吃下一小塊餅乾，那天成了失敗的一天。這種微小的失敗常常會延伸成「反正今天已經毀了，明天再重新開始吧」的心態。

越是嚴格的設定規律，不只心中某處會萌生想違反規律的叛逆心態，奇怪的是，每當我只要一開始減肥，就會更想吃一些平常不太會想吃的食物。不只是在減肥時，連在為了健康檢查被要求需禁食的時候，我也會出現這種「逆反心理」。只要被告知要禁食，就會莫名感覺更加口渴、更加飢餓。如果是平時，這些感覺根本不會出現在腦中，但名為禁食的限制一旦出現，我便陷入跟自己內心的激烈鬥爭。

雖然不起眼，但馬上就能執行的好習慣

若想成功減肥，請先拋棄過度悲壯的覺悟、急切的心態與完美的計畫，從我們可以馬上執行的小事開始。

1 比昨天再細嚼慢嚥一點　如果昨天用餐時完全沒注意，就試著從今天開始注意多嚼幾次再吞嚥。並設立一個目標，讓明天的自己比今天再多嚼 5 次 。每一口最好能嚼個 25 〜 30

次，並控制用餐總時長超過 20 分鐘即可。

2 比上週多吃一餐沙拉　如果上週你一餐都沒吃沙拉，那這週就吃一餐吃沙拉。當你一決定「每天晚餐都要吃沙拉」的瞬間，就會一直想吃其它食物，也可能出現避不掉的晚餐約會。在設立難以遵守的計畫後失敗，就會讓人感到氣餒無力。

設定一個自己可以輕鬆達成的計畫，並透過達成這個計劃獲得成就感，這樣你就能擁有力量，去執行再難一點的計畫。

3 用茶或開水代替甜甜的飲料　喝下含有大量糖的飲料時，我們身體會快速吸收葡萄糖與果糖，可能會誘發胰島素和瘦體素抗性。即使是添加人工甜味劑的零卡飲料，雖然熱量低，但會提高體重設定值，千萬不能放寬心地飲用。不要一開始就想要完全戒掉除它們，而是先充分喝完開水或茶，還是想喝這類飲料，就慢慢減少攝取量。

決心減肥後，盡量別做的行為

懷抱著只要花錢就能同時擁有意志力的心態，結果不慎重考慮就輕率地花錢，其實不是最理想的方法。雖然這種行為對某些人來說很有效，但別忘了，其實還有更簡單、更不

造成心理負擔的達成目標的方式。

1 盲目報名健身房　要運動不一定要去健身房。如果已經熟悉如何在健身房運動，那就報名健身房確實是一個好方法。但是，如果你在健身房機器只會用跑步機，那拜託你就別報名。即使我們能在 YouTube 上找到許多的運動教學，要一個初學者進到健身房，並在一堆健身巨巨之間訓練，實際會比想像中難上許多。這樣的經歷與經驗可能會讓你害怕再次去健身房，最後變成健身房的慈善捐助者。

2 大量購買雞胸肉　雞胸肉是減肥的代表。如果你真的覺得雞胸肉好吃，那吃也無妨。但若不想吃雞胸肉，還買一堆放在冷凍庫，強迫自己吃完它，只會讓減肥過程變得痛苦。最後，你可能會想快點結束減肥，用炸雞來代替雞胸肉的心情，會越來越迫切。

3 購買減肥食品　市面上有很多以無糖、低脂、高蛋白的文案誘惑我們的減肥食品。然而，這類食品減輕的只有罪惡感，實際上對減肥沒有實質幫助。例如，含有 20 公克蛋白質的蛋白棒中，同時含有 30 公克砂糖的情形非常常見。這些加工食品含有大量化學物質，反而會妨礙減肥。

與其懷抱著「應該有比較好吃」的心態，吃著稱不上美味的減肥食品，不只感受不到滿足，食慾反而還容易暴走。

乾脆用比較不那麼導致肥胖的方法，邊調整邊吃自己真的喜歡的食物，還好得多。

如果減肥很簡單，那我早就成功了

減肥是一項艱難的挑戰。如果它很容易，我們早就成功了。為了要達成困難的挑戰，我們應該從當下能執行的小事開始。達成這些小事就會獲得成就感，而這種成就感就會成為下一步行動的動力。我自己在寫這本書的時候，當我下定決心「今天一定要完成三章」時，反而會連筆電都不想打開；便會出現「若想要在今天內完成，搞不好還要熬夜」的心理負擔，什麼三章，連一句話都寫不出來。相反，那些順利寫出文章的日子，往往是只想著「寫個 30 分鐘就好」、「寫一段文字就好」、「先試著寫寫看，不行就早點睡吧」的時候。

減肥也是同樣的道理。如果被減重 10 公斤的遠大目標壓迫著，什麼行動都不去實施，終究得不到自己想要的東西。為了改變原本的生活習慣，每天重複這些小行動會成為在疲憊又痛苦的瞬間，成為支撐自己不崩潰的救生艇。

只要持續向著比昨天更好的今天、比今天更好的明天邁進，我們也會發現自己在不知不覺中已經煥然一新。

國家圖書館出版品預行編目（CIP）資料

情緒管理 X 食慾控制減肥法：美女醫師擺脫 10 年情緒性飲食惡性循環，
教你正確瘦身的關鍵方法／李洧周作；呂宜蓁譯 . -- 初版 . -- 臺北市：墨
刻出版股份有限公司出版／英屬蓋曼群島商家庭傳媒股份有限公司城邦
分公司發行 , 2024.10
　　面；　公分
譯自：기분이 식욕이 되지 않게
ISBN 978-626-398-066-2（平裝）

1.CST: 減重 2.CST: 健康飲食

411.94　　　113012995

墨刻出版 知識星球 叢書

情緒管理 x 食慾控制減肥法

美女醫師擺脫 10 年情緒性飲食惡性循環，教你正確瘦身的關鍵方法

기분이 식욕이 되지 않게

作　　　者	李洧周
譯　　　者	呂宜蓁
責 任 編 輯	林彥甫
美 術 編 輯	李依靜
行 銷 企 劃	周詩嫻

發 行 人	何飛鵬
事業群總經理	李淑霞
社　　　長	饒素芬
出 版 公 司	墨刻出版股份有限公司
地　　　址	115 台北市南港區昆陽街 16 號 7 樓
電　　　話	886-2-2500-7008
傳　　　真	886-2-2500-7796
E M A I L	service@sportsplanetmag.com
網　　　址	www.sportsplanetmag.com

發　　　行	英屬蓋曼群島商家庭傳媒股份有限公司城邦分公司
	地址：115 台北市南港區昆陽街 16 號 5 樓
	讀者服務電話：0800-020-299
	讀者服務傳真：02-2517-0999
	讀者服務信箱：csc@cite.com.tw
	城邦讀書花園：www.cite.com.tw

香 港 發 行	城邦（香港）出版集團有限公司
	地址：香港灣九龍土瓜灣土瓜灣道 86 號順聯工業大廈 6 樓 A 室
	電話：852-2508-6231
	傳真：852-2578-9337

馬 新 發 行	城邦（馬新）出版集團有限公司
	地址：41, Jalan Radin Anum, Bandar Baru Sri Petaling, 57000 Kuala Lumpur, Malaysia
	電話：603-90578822
	傳真：603-90576622

經 銷 商	聯合發行股份有限公司（電話：886-2-29178022）、金世盟實業股份有限公司
製　　　版	漾格科技股份有限公司
印　　　刷	漾格科技股份有限公司
城 邦 書 號	LSK011

ISBN 978-626-398-066-2（平裝）
EISBN 9786263980648（EPUB）
定價 NTD450
2024 年 10 月初版